Mein Leben mit Migräne

Ein Erfahrungsbericht

von Karin Friedrich

Inhaltsverzeichnis

Migräne ist nicht heilbar oder doch?

Ich habe mir schon lange Zeit den Kopf zerbrochen, ob es genug ist, was ich gegen diese Migräne tue, aber ich hatte eigentlich keine Hoffnung. Ich versuchte mich irgendwie damit abzufinden, wie z.B. andere Menschen, die unheilbar krank sind. Ich glaube nicht, dass es schlimmer für mich gewesen wäre, wenn ich Herzprobleme oder Krebs gehabt hätte. Im Gegenteil, ich hätte dann jedem davon erzählen können und jeder hätte mich verstanden. Aber wer versteht schon, wenn man sagt: " Ich habe Kopfschmerzen! Meine Arbeitskollegen, mein Chef und andere aus meiner

Verwandtschaft, außer natürlich meiner Mutter und meiner Schwester, die auch unter Migräne leiden, taten immer so mitleidvoll, wenn ich darüber erzählte, aber ich glaube nicht, dass Sie nur einen blassen Schimmer von meinen Qualen hatten.

Mein Hausarzt verschrieb mir schon längere Zeit diese neuartigen Medikamente, genannt Triptane, und sie halfen auch immer eine gewisse Zeit lang. Na ja, und ich dachte eben Migräne ist unheilbar und sonst kann ich nichts dagegen tun.

Schließlich hatte ich seit meiner Schulzeit verschiedene Ärzte konsultiert, bis die Migräne diagnostiziert wurde.

Es fing an mit der Überweisung zum Neurologen. Der machte ein EEG, wobei natürlich nichts festgestellt wurde, und verschrieb mir die Zäpfchen Cafergot und andere Schmerztabletten, den Namen weiß ich nicht mehr.

Dann ging's zum Orthopäden, der Röntgenbilder machte, und natürlich auch nichts ungewöhnliches fand. Er verordnete Krankengymnastik, die natürlich auch nichts brachte. Danach landete ich schließlich bei meinem jetzigen Hausarzt, der mir am Anfang viel Hoffnung machte, ich glaube ich war damals ungefähr 20 Jahre alt. Er sagte, er hätte schon vielen Patienten mit Kopfschmerzen geholfen. Ich weiß gar nicht mehr, was er alles versucht hat, ich glaube es begann mit Reizstrom, Sauerstofftherapie, Eigenblutspritzen und danach natürlich immer wieder Tabletten, Zäpfchen usw..

Manchmal stand ich mit diesen Medikamenten, wenn ich wieder davon nehmen musste, in meiner Küche und warf Sie mit aller Kraft in die Ecke. Natürlich hob ich Sie wieder auf, denn ich wollte ja meine Schmerzen loswerden. Dann wurde mein Sohn geboren (1983) und ich musste die neun Monate Schwangerschaft ohne Tabletten durchstehen. Ich war in dieser Zeit oft krank, was nicht nur mit der Migräne zu tun hatte. Da ich zwei Jahre vorher schon einmal eine Fehlgeburt hatte, war natürlich Vorsicht angesagt und ich musste sehr viel liegen. Das erste Jahr nach der Geburt war super. Die Kopfschmerzen waren fast weg. Aber das blieb natürlich nicht so. Ein Jahr später ging alles wieder von vorne los.

Ich musste wieder arbeiten, hatte einen befristeten Arbeitsplatz im Büro einer Maschinenfabrik gefunden. Meinen Sohn brachte ich morgens um 7.30 Uhr zu meiner Schwiegermutter, wo ich ihn mittags nach 12 Uhr wieder abholte. Die Arbeit machte mir überhaupt keinen Spaß. Ich hatte das Gefühl keinem was recht zu machen. An allem war ich schuld. Morgens, wenn ich zur Arbeit fuhr, hatte ich schon Bauchkrämpfe.

Und die häufigen Kopfschmerzen kamen wieder. Ob es wegen dieser Arbeit war, oder ob es schon vorher begann, weiß ich heute nicht mehr.

Anfangs verschrieb mir mein Hausarzt Silentan Tbl., die bestanden aus 500 mg ASS und 2 mg Diazepam, wovon ich nach einiger Zeit 2 Tbl. täglich nahm, denn er war schon früher der Meinung, dass meine Kopfschmerzen psychische Ursachen hatten. Dann wurden diese Tabletten in dieser Zusammensetzung nicht mehr hergestellt und ich nahm Aspirin Tbl. und Diazepam getrennt ein. Irgendwann war ich natürlich süchtig nach dem Diazepam.

Den Entzug habe ich **ganz alleine**

geschafft.

Dann versuchte er es mit Aku-punktur am Ohr. Es waren zwei Sitzungen à 15 Minuten. Es brachte gar nichts.

Die Kopfschmerzen blieben. Es folgten Ergo Lonarid Zpf., die enthielten anfangs Kodein, was auch nicht ungefährlich war.

Und so gings immer weiter, immer wieder ein neues Medikament. Bis irgendwann diese Triptane kamen. Plötzlich musste ich nicht mehr 2 Tage warten, bis ein Anfall vorüber war. Es ging mir schon nach einer Stunde besser. Dies ging immer so weiter, ich nahm diese Tabletten immer öfter, obwohl mein Arzt mich natürlich warnte.

"Passen Sie auf, dass Sie kein Schmerzpatient werden!" sagte er einmal. Er machte mir natürlich Angst damit, aber was sollte ich mit diesem Satz anfangen. Doch er konnte mir auch nicht sagen, was ich dagegen tun sollte.

Im Laufe der Jahre saß oder lag (wenn ich Infusionen mit Aspisol bekam) ich oft vor ihm und sah sein bekümmertes Gesicht. Manchmal hatte ich das Gefühl als müsse ich ihn trösten, weil er mir nicht helfen konnte.

Dies ging immer so weiter, bis zu dem Tag, an dem die Krankenkasse gegenüber meinem Hausarzt Regressansprüche stellte, wegen der vielen teuren Ascotop, ich nahm Sie inzwischen fast täglich. Jedes mal, wenn ich mir ein Rezept holte (wöchentlich), hatte ich ein schlechtes Gewissen. Aber was bitte sollte ich tun. Ich wollte etwas leisten in meinem Beruf, für meine Familie da sein. Das ging nur mit Tabletten. Ich weiß nicht, wie oft ich mit höllischen Schmerzen trotzdem gearbeitet habe. Ich will meinen Hausarzt ja nicht verurteilen, er hat mir schon oft geholfen, aber eigentlich habe ich schon früher erwartet, dass er das alles nicht mehr so hinnimmt. Nun musste er mich an einen anderen Arzt überweisen, zur Absicherung, sonst hätte er tausende von Mark bezahlen müssen.

Das alles hätte natürlich auch von mir kommen können, ich hätte um eine Überweisung bitten können und sie bestimmt auch bekommen. Aber ich hatte große Angst vor den Konsequenzen. Nachdem ich bestimmt jahrelang fast täglich irgendwelche Schmerzmittel eingenommen hatte, nur um schmerzfrei und arbeitsfähig zu sein, wusste ich, dass das nicht mehr so weitergehen kann. Ich hatte in den Heften der Migräneliga und in deren Forum viel von anderen Betroffenen gelesen, denen es genauso geht wie mir, und von denen einige eine Kur beantragten, in der zuerst ein Tablettenentzug vorgenommen wurde. Nur wer Migräne kennt, weiß was es bedeutet, wenn man gegen diese Schmerzen keine Medikamente nehmen kann und sie so ertragen muss, bis das Gift aus dem Körper verschwunden ist.

Ich hatte also letzten Freitag einen Termin bei einem Schmerztherapeuten und ihm aufgrund Schmerzfragebogen und einer schriftlichen Beurteilung meiner Lage die ganze Sache geschildert. Allein die Ruhe, die von diesem Menschen ausging, gab mir etwas Hoffnung. Die ganze Situation sei bestimmt nicht hoffnungslos, meinte er, aber zuallererst müssten diese ganzen Tabletten raus aus meinem Körper. Er schlug mir eine Therapie mit Akupunktur vor und nahm mir das Versprechen ab, in den nächsten Tagen keine einzige Tablette zu schlucken, egal wie schlimm die Schmerzen sein würden. Denn wenn ich so weitermachen würde, wie bisher, würde ich in ca. 2 Jahren körperlich am Ende sein.

Also kam alles so, wie ich es insgeheim geahnt hatte, aber einen starken Willen hatte ich schon immer. Und wenn ich jemand ein Versprechen gebe, halte ich es auch. Seit 3 Tagen habe ich keine einzige Schmerztablette mehr genommen. Es ist nicht einfach und manchmal stelle ich mir vor, wie es wäre, wenn ich 1 Ascotop nehmen könnte und der Schmerz nach 1-2 Stunden verschwunden sei, aber ich bleibe eisern.

Probleme am Arbeitsplatz

Eigentlich waren das alles schon Probleme genug im Moment. Aber zu allem Überfluss hatte ich auch noch welche an meinem Arbeitsplatz.

Mein Chef meinte, ich hätte nachgelassen in der letzten Zeit und würde zu viele Fehler machen und mich nicht konzentrieren, (Natürlich ist auch meine Migräne zum größten Teil Schuld daran). Ich wäre für ihn nicht mehr tragbar. Ich solle mir überlegen, wie ich damit umgehen wolle.

Dazu muss ich sagen, dass ich den Beruf der Notarfachangestellten nie gelernt hatte, ich war ursprünglich von meinem 1. Chef lediglich als Schreib- u.

Bürokraft eingestellt worden, und mit jedem weiteren Chef sollte ich mehr Aufgaben übernehmen. Nun, ich habe 13 Jahre in diesem Büro gearbeitet, habe den Wechsel von 3 Chef's erlebt und war ....

Genau in diesem Moment (es war morgens 10 Uhr), als ich diese Zeilen schrieb, klingelte das Telefon. Es war mein Chef. Ich hatte ihm einen Brief geschrieben, und ihn um eine Kündigung seinerseits gebeten oder um dies zu umgehen eine Abfindung, die mir nach 13 Jahren Arbeitszeit in demselben Büro zusteht, um das ganze Drama abzukürzen. Sollte er nicht darauf eingehen, würde ich meine Zeit bis zum Ende der Kündigungsfrist in seinem Büro absitzen, soweit mir dies

gesundheitlich möglich sein würde.
Auch hatte ich zu verschiedenen
Punkten und Fehlern, die mir unterstellt
wurden, Stellung bezogen.

Natürlich war er jetzt dementsprechend
sauer auf mich, der Brief sei für ihn wie
ein Schlag ins Gesicht gewesen, sagte
er mir später. Wenn ich heute noch
diesen Satz irgendwo im Fernsehen
höre oder in der Zeitung lese, versetzt
es mir einen Stich in die Magengegend.

Er wollte also ein Gespräch mit mir, im
Bezug auf diese Abfindung. Wir
vereinbarten dies für den Abend 17.30
Uhr. Wie ich diesen Tag herum-
gekriegt habe, weiß ich nicht. Ich konnte
keinen klaren Gedanken mehr fassen.

Ich bat nach diesem Telefongespräch meinen alten Chef um Hilfe. Denn ich wusste ja nicht mal, welche Abfindung mir nach 13 Jahren zustand. Er war nicht sehr erfreut über die Situation und meinte, ich würde ein Verlust für dieses Büro sein und ich solle mir nur nicht einreden, dass ich jetzt zu nichts mehr zu gebrauchen wäre und nichts mehr taugen würde. Er wäre mit mir immer zufrieden gewesen, und ich könnte jederzeit wieder bei ihm anfangen. Das Problem ist, er hat sein Büro jetzt fast 100 km entfernt, das wären täglich 2 Stunden Fahrzeit, die natürlich bei einer Arbeitszeit von 4 Stunden nicht machbar sind.

Am Nachmittag teilte er mir dann mit, nachdem er einen Freund, der

Rechtsanwalt ist, befragt hatte, dass mir mindestens 10.000,-- DM Abfindung zustehen würden.

So hatte ich wenigstens einen Anhaltspunkt.

Ich ging also am Nachmittag zuerst zu meiner Akupunktursitzung und erzählte meinem Arzt die ganze Geschichte. Er meinte, ich solle froh sein, das wäre doch genau das was ich wollte und zwar raus aus diesem schrecklichen Büro.

Kurz nach 17 Uhr trat ich also diesen schweren Gang an. Schon als ich ins Büro rein kam und zuerst Frau Sommer, die Bürochefin sah, mit der ich mit immer gut verstanden hatte, wusste ich, dass es nicht leicht werden würde.

Sie meinte, sie hätte es nicht auf diese Art (schriftlich) gemacht, sondern ein Gespräch mit dem Chef gesucht. Er muss ihr den Brief zum Lesen gegeben haben. Aber sie fragte mich wenigstens, wie es mir denn ging und ob ich einen Kaffee trinken wolle.

Von meinen anderen Kolleginnen, mit denen ich viele Jahre zusammen-gearbeitet hatte, und denen ich seit 2 Jahren aufgrund des anfangs guten Verhältnisses das Du angeboten hatte, weil ich dachte, es wäre nach diesen Jahren an der Zeit, hat keine auch nur ein Wort des Mitgefühls gesagt, außer Hallo und Tschüss. Zu einem Kunden wären Sie bestimmt freundlicher gewesen als zu mir.

Ich ging also zum Chef, der wie ich es geahnt hatte ziemlich sauer reagierte. Er wüsste, dass mir 10.000,-- DM zustehen würden, aber aufgrund dieses Satzes "Ich würde meine Zeit in seinem Büro absitzen, falls er nicht einverstanden wäre", wäre er nur bereit mit 6.000,-- DM zu zahlen. Er hätte sich bei einem Freund über die Fakten dazu im Arbeitsrecht erkundigt und würde dies als Arbeitsverweigerung auslegen, obwohl das von meiner Seite natürlich nicht so gemeint war. Also kurz: " Entweder Sie sind mit 6.000,-- DM einverstanden, oder Sie bekommen die fristlose Kündigung".

Ich erbat mir Bedenkzeit, weil ich dies ohne meinen Mann nicht entscheiden wollte, und verließ dieses Büro, nachdem mir Frau Sommer noch alles Gute gewünscht hatte. Von den anderen Kolleginnen kein Wort.

Nach diesem Gespräch kam ich mir vor, wie eine alte Frau von 80 Jahren, die ganz langsam durch die Stadt lief. Es regnete, zwar nicht viel, aber es wäre mir egal gewesen, diese Tropfen, sie taten irgendwie gut. Ich brauchte bestimmt 20 Minuten, bis ich an meinem Auto war, normal wären höchstens 10 gewesen, so wenig Kraft hatte ich.

Zuhause musste ich zuerst einmal heulen, und mich von meinem Mann und meinem Sohn trösten lassen, bevor ich alles erzählen konnte. Wir haben dann zusammen entschieden, die Abfindung anzunehmen, um weiterem Stress aus dem Weg zu gehen. Ich schickte meinem Chef also eine Email, dass ich mit allem einverstanden sei.

Am nächsten Morgen, ich hatte nur sehr wenig geschlafen, rief ich im Büro an, und verlangte Frau Sommer. Die Kollegin, mit der ich den engsten Kontakt auch privat gehabt hatte, war am Telefon. Es kam kein Wort, von wegen "Wie geht es Dir und was machst Du jetzt, oder es ist schade, dass Du gehst".

Ich sagte Frau Sommer, dass Sie den Chef fragen solle, wann ich vorbei- kommen könne, um diesen Aufhebung- svertrag zu unterschreiben. Es wäre mir am liebsten, wenn die Sache heute geklärt sein würde. Sie versprach mir mich anzurufen. Eine Stunde später teilte Sie mir mit, dass ich gleich um 11 Uhr kommen könne, worüber ich natürlich froh war. Ich wollte, dass das alles vorbei war. Ich hatte keine Kraft mehr.

Ich trat also diesen letzten Gang in dieses Büro (es war Dienstag, der 27.11.2001) an, in dem ich in 13 Jahren mit drei Chef's, mehreren Kolleginnen und Kollegen, Höhen und Tiefen erlebt hatte und für das ich noch bis vor kurzen meine ganze Arbeitskraft und Gedanken gegeben hatte.

Mein Chef war an diesem Tag etwas versöhnlicher gestimmt, natürlich, ich hatte ja auch sein Angebot akzeptiert und es blieb ihm, wie auch mir, weiterer

Stress erspart. Was hätte es mir genützt, wenn ich z.B. einen Rechtsanwalt zugezogen hätte, ich hätte nur Kosten gehabt und am Ende wahrscheinlich doch nichts gewonnen.

Er wünsche mir sogar noch alles Gute und das ich mein gesundheitliches Problem in den Griff kriegen würde. Ob das ehrlich gemeint war, oder ob er froh war mich los zu sein, weiß ich nicht. Ich unterschrieb also einen Aufhebungsvertrag, der besagte, dass das Arbeitsverhältnis einvernehmlich zum Ende des Monats aufgehoben sein würde.

Die Abfindung würde ich umgehend erhalten, natürlich auch mein Zeugnis.

Wir verabschiedeten uns und ich ging ein letztes Mal in mein Büro (meine Sachen, wie Kalender, Uhr und Kaffeetassen) hatte ich schon am Abend zuvor mitgenommen, und sagte Tschüss. Es waren nur zwei meiner Kolleginnen da, die eine stand mit dem Rücken zu mir, und drehte sich nicht einmal um, die andere blickte nur kurz von Ihrem Computer auf. Na ja, das war es dann.

Mein Herz zerspringt, wenn ich nur an dieses Büro denke und ich bin furchtbar traurig darüber. Aber vielleicht war es gut so und es musste alles so kommen.

Mein Arzt meinte am Nachmittag, bei der Akupunktur, ich solle froh sein, dass alles beendet sei, der ganze Druck weg usw. und für seine Therapie mit mir, sei das alles nur von Vorteil. Eine halbe Stunde später hatte ich plötzlich keine Kopfschmerzen mehr.

Am nächsten Tag gönnte ich mir einen Tag Pause, Arzttermine hatte ich keine und sonstige Verpflichtungen auch nicht, so hatte ich genug Zeit zum Nachdenken. Am Donnerstag dann, musste ich langsam daran denken aufs Arbeitsamt zu gehen, denn ich würde ja ab dem 1.12. arbeitslos sein. Ich fuhr also gegen 11 Uhr in Richtung Arbeitsamt. Schon dieses große Gebäude macht einem irgendwie Angst und man kommt sich ziemlich verloren und allein vor.

Aber auch dieser Schritt musste getan werden. Ich erkundigte mich am Schalter, wo ich denn hin musste, ging einen Stock höher, bekam erst einmal ein Formular zum Ausfüllen von Personalien, Arbeitsplätzen der letzten Jahre usw. und wurde nach etwa 5 Minuten in ein Zimmer gerufen. Da musste ich ziemlich viele Fragen beantworten, z.B. warum ich diesen Vertrag unterschrieben hatte. Ich wollte zunächst nicht alles erzählen, und meinte mein Chef wollte sein Personal auf jüngere Leute umstellen und dass ich ein gesundheitliches Problem hätte usw. Aber ganz geglaubt hat die Dame mir das nicht. Wieso nach 13 Jahren, hat sie gemeint? Ich bekam noch einen Berg von weiteren Formularen, die auszufüllen waren, auch eins für meinen Ex-Chef (Arbeitsbescheinigung) und wurde wieder einen Gang weiter in ein anderes Zimmer zu dem Arbeitsvermittler geschickt.

Nun ging das Ganze wieder von Vorne los. Der Herr war sehr freundlich und nahm mir etwas die Angst. Er fragte natürlich noch mal nach dem Warum nach 13 Jahren. Ich sagte ihm jetzt die Wahrheit. Dass mein Chef gemeint hatte, ich sei für ihn nicht mehr tragbar, würde oft Fehler machen, und meine Kolleginnen hätten mich oft ignoriert und von den Vorgängen im Büro ausgegrenzt. Ich hätte gesundheitlich keine Möglichkeit mehr gesehen, in diesem Büro weiterzuarbeiten." Ja, hat der Arzt ihnen denn geraten dieses

Arbeitsverhältnis zu beenden?" fragte der Herr. "Er hat auf jeden Fall gemeint, es sei sehr gut für seine Therapie," habe ich geantwortet. Wenn das so wäre, sagte der Herr, gebe ich Ihnen noch ein anderes Formular, dass Sie und Ihr Arzt ausfüllen können, und er Ihnen bestätigt, dass er im Bezug auf Ihre Gesundheit keine Möglichkeit gesehen hat, dass Sie da weiter- arbeiten. Der Herr klärte mich noch über die schlechte Lage am Arbeits- markt auf, dass ich mit 44 Jahren wenig Chancen hatte und sagte mir, dass wir uns im Mai wieder sehen würden. Ich verließ also mit einem Stoß Formularen nach 1 Stunde das Arbeitsamt.

Nachmittags hatte ich wieder einen Termin zur Akupunktur bei meinem

Arzt. Ich erzählte ihm, was ich am Morgen erlebt hatte, er las sich dieses Formular durch und sagte, wenn ich das ausfülle, schreibe ich rein " wegen Mobbing, Dauerkopfschmerzen und Tablettenmissbrauch". Das hat er auch für mich getan, es entspricht ja auch alles der Wahrheit.

Auch an diesem Tag hatte ich fast keine Kopfschmerzen, auf jeden Fall nicht der Rede wert. Wenn ich mir überlege, was ich z.B. im letzten Jahr an Schmerzen ertragen musste, war das die reinste Erholung.

Am Abend, ich hatte gerade etwas Ruhe gefunden, klingelte es an der Tür und es gab jemand einen großen Weihnachtsstern für mich ab. Ich wusste sofort, wo der her kam. Natürlich von meinen Kolleginnen, die ihr schlechtes Gewissen beruhigen mussten, mit einer Karte auf der stand "Zum Abschied alles Gute und wir sehen uns ja beim Weihnachtsessen nächste Woche". Nun dieses Essen haben diese Kolleginnen geplant, ich weiß noch nicht mal, wo die hingehen, gesagt hat mir das keiner. Ich wurde nur vor einigen Wochen gefragt, ob ich an diesem Termin Zeit hätte und ich habe gesagt, dass ich das nicht so genau weiß, weil ich schon damals keine Lust dazu hatte.

Natürlich werde ich da nicht hingehen. Ich kann diese Menschen nicht mehr ertragen. Wenn ich nur daran denke, und das tue ich im Moment öft, ob ich will oder nicht, wird mir schlecht.

Ich habe meinen Mann gebeten, den
Weihnachtsstern dahin zu stellen, wo
ich ihn nicht immer sehen werde und die
Karte werde ich verbrennen. Gießen
werde ich ihn nicht.

Alpträume

Inzwischen sind fast zwei Monate vergangen. Der Weihnachtsstern ist kaputt. Ich habe noch öfter Träume, in denen immer wieder meine Arbeitskolleginnen vorkommen.

Ich bin bei meinem Abschiedsessen, aber keiner sagt, es tut mir leid, dass Du gehst.

Ich feiere meine Hochzeit. Monika., die im August auch geheiratet hatte, und bei der ich eingeladen war, ist jetzt bei mir eingeladen.

Ich bin irgendwo und erkenne nur eine Person. Ich sage bitte bring mir einen Beleg mit diese Ausgaben. Jahrelang war ich für diese Buchhaltungsarbeit zuständig.

Ich mache einen Besuch im Büro, aber keiner fragt nach mir.

Na ja, Schwamm drüber, irgendwann wird auch das vergehen.

Mein Ex-Chef hat im Internet eine Homepage, für die die ganze Belegschaft im letzten Jahr extra fotografiert wurde. Es ist also unter anderem von jedem ein Bild zu sehen mit einer zusammenhängenden Beschreibung, was jeder Mitarbeiter von Beruf ist und welche Tätigkeit er im Büro verrichtet.

Es werden auch die Namen genannt, nur weiß man nicht wer welche Person ist, da die Namen nicht direkt unter den Bildern stehen. Voraussetzung ist natürlich, man kennt die Leute nicht.

Meinen Namen hat er durch den der neuen Kollegin ersetzt, mein Bild jedoch ist nach wie vor vorhanden. Es ist ihm wahrscheinlich zu teuer, extra für die neue Kollegin ein Foto machen zu lassen und nimmt dafür mein Foto. Ob er das überhaupt darf weiß ich nicht.

(Erst nach ca. 3 Monaten wurde mein Bild ersetzt).

Aber was das Tollste ist, ich habe seit 2 Monaten keine einzige Tablette geschluckt. Es ist wie ein Wunder. Nach zig Jahren wache ich morgens auf ohne Kopfschmerzen. Den letzten richtigen Anfall hatte ich vor vier Wochen.

Ich habe jetzt zehn Akupunktur-
behandlungen hinter mir und mir geht es
immer besser. Endlich habe ich wieder
Spaß am Leben und kann wieder
lachen.

Wenn ich Kopfschmerzen habe, dann
es entweder ganz leichte oder mittlere,
die nach einiger Zeit wieder vergehen.

Ich muss mir nachts, wenn ich wach
werde, da mein Sohn Bäcker ist und um
2 Uhr aufstehen muss, nicht überlegen,
ob es besser wäre gleich eine Tablette
zu schlucken, damit ich am nächsten
Morgen zur Arbeit gehen kann.

Ich bin so froh, dass ich nicht mehr
überlegen muss, welche Tabletten ich
nehmen soll, damit die Schmerzen

aufhören.

Neben meinem Bett auf dem Nachttisch liegen keine Tabletten mehr, ohne die ich nie schlafen ging.

Ich glaube ich beginne ein neues Leben aber was mache ich daraus? Werde ich endlich eine Arbeit finden, die mir gefällt und werden die Kopfschmerzen wieder kommen, wenn ich arbeite?

Wie hätte das alles geendet, wenn die Krankenkasse diesen Regress nicht gestellt hätte?

Ich weiß nur eins, ohne die Hilfe von meinem Schmerztherapeuten hätte ich das nie geschafft. Und ich bin ihm sehr

dankbar dafür.

Einen Tag nach dem ich diese Zeilen geschrieben hatte, kam der nächste Migräneanfall. Es ist sehr schwer bei diesen Schmerzen keine Tabletten zu nehmen und das alles so auszuhalten. Wäre ich nicht arbeitslos, hätte ich wieder nicht ins Büro gehen können.

Na ja, ganz werde ich diese Migräne bestimmt nie loswerden. Aber wenn es nur alle 4 Wochen so stark ist und so lange dauert, muss ich mich eigentlich freuen. Aber trotzdem bin ich dann jedes mal richtig deprimiert und denke es war alles umsonst.

Ich habe nur furchtbare Angst, dass alles wieder von vorne los geht.

Aber es muss doch irgendeinen Weg geben, damit ich meine Angst verliere. Ich werde jedenfalls versuchen darum zu kämpfen, so wie ich es schon öfter in meinem Leben gemacht habe.

Vergangene Krisen

Vor fünf Jahren hatte ich schon einmal so eine Krise. Damals dachte ich meine Arme würden für immer unbrauchbar werden.

Es begann mit Schmerzen im rechten Arm. Ich und jeder dem ich davon erzählte dachte zuerst natürlich an eine Sehnenscheidenentzündung, da ich natürlich in meinem Beruf viel an der Schreibmaschine oder am Computer sitze. Ich ging natürlich zum Arzt, zuerst zu meinem Hausarzt, der mir einen Salbenverband machte und mir Ruhe verordnete. Außerdem behandelte er mich mit Reizstrom. Arbeiten konnte ich natürlich nicht mehr. Die Schmerzen wurden nicht besser sondern stärker.

Ich war fast jeden Tag bei meinem Arzt.
Ich hatte das Gefühl, dass mein Arm
immer schwerer wurde.

Mit der Zeit fiel es mir sogar schwer
eine Tasse aus dem Schrank zu holen.
Ich nahm dazu zwei Arme und die ganze
Kraft die ich hatte. Zum Telefonieren
legte ich den Hörer gegen die Couch
und lehnte mich davor. Irgendwie konnte
das nicht so weiter gehen.

Ich bat meinen Hausarzt, der mich
ziemlich ratlos anschaute, um eine
Überweisung zu einem Orthopäden.
Natürlich ist es immer eine Frage, wenn
man zu einem Facharzt geht, zu welchem
der drei oder vier am Ort gehe ich. Ich
glaube jedenfalls, dass ich den falschen
erwischt habe.

Dr. Alt, den ich sofort um einen Termin bat, machte zuerst eine Röntgen- aufnahme, erklärte mir kurz irgendetwas von verklemmten Nerven und Über- anstrengung und dass alles vielleicht ohne Operation in den Griff zu be- kommen sei. Das Wort OP machte mir natürlich höllische Angst, ich dachte der spinnt und ignorierte das Wort einfach. Überhaupt war mir der Arzt dermaßen unsympathisch, dass ich mich gar nicht traute noch irgendetwas zu fragen. Er machte mir einen Zinks- albenverband und verschrieb mir Tabletten um die Entzündung zu beeinflussen.

Mittlerweile war ich schon die dritte Woche krankgeschrieben und die Schmerzen fingen langsam auch schon im linken Arm an, was ich natürlich nicht wahrhaben wollte.

Eine Woche später musste ich erneut zu Dr. Alt um zu sehen, ob die Behandlung Erfolg hatte. Der Verband kam ab und Dr. Alt sprach nun endgültig von einer Operation, ohne die es wahrscheinlich nicht ging, aber er sagte, ich müsse vorher zu einem Neurologen, der ein EMG machen müsse um die Nervenströme der Arme zu messen. Danach sollte ich wieder zu ihm kommen. Ich fragte ihn, wie schon beim ersten Besuch, was ich denn genau eigentlich habe und woher denn das alles kommt, denn beim 1. Mal hatte ich dieses medizinische Gefasel einfach vor lauter Aufregung nicht verstanden. Aber ich denke ein Arzt ist dazu da, um sich mit seinen Patienten zu unterhalten und sie über alles aufzuklären, wenn es nötig ist sogar zweimal oder mehrmals. Denn Medizin hat nur der Arzt studiert und nicht der Patient.

Ich wagte also diese Frage. Die Antwort werde ich mein Leben nicht vergessen.

„Das habe ich Ihnen doch schon beim letzten Mal erklärt, hätten sie besser zugehört, dann wüssten Sie die Antwort. Wenn ich jedes mal alles zweimal erklären muss, dann habe ich keine Zeit mehr für die anderen Patienten!" Der Ton, in dem dieser Arzt das sagte, ließ mich zusammenzucken und ich sagte kein Wort mehr. Ich hatte nur noch das Gefühl, ich muss raus hier und zwar schnell.

Meine Überweisung zum Neurologen nahm ich natürlich noch mit und sah zu, dass ich so schnell wie möglich aus dieser Praxis kam und hatte eigentlich auch nicht vor dahin zurückzukehren, wenn es irgendwie möglich war.

Ich ging direkt danach zum Neurologen, der nicht weit von diesem „Super-doktor" entfernt war und bat um einen Termin. Meine ganze Überredungs-kunst musste ich anwenden, um die Arzthelferin zu überzeugen, dass ich nicht noch zwei Wochen auf einen Termin warten könne und sofort Gewissheit haben muss. Natürlich musste ich mich auf eine lange Warte-zeit einstellen, aber Zeit hatte ich ja

genug. Als ich dann dem Arzt gegen-
überstand wurde ich wieder etwas
ruhiger. Der wusste wie man mit einem
Patienten umgeht und erklärte mir alles
ganz genau. Diese Nerven in meinem
Arm seien irgendwie verdreht oder
verklebt und auf dem EMG sieht man
die Lähmungen. Die Operation sei gar
nicht schlimm, nur dürfe man damit nicht
noch länger warten, da sich sonst alles
verschlimmert und es dann keinen Sinn
mehr hat.

Im linken Arm fange die Sache auch
schon an, aber noch nicht so schlimm.
Nach einigen beruhigenden Worten
bekam ich eine Überweisung zum
Chirurgen, der die Sache beheben
sollte.

Da meine Schwester damals bei der Frau eines Chirurgen als Arzthelferin tätig war, ging ich natürlich sofort dorthin, denn diesen Arzt kannte ich und wusste, wie nett und gewissenhaft er gegenüber seinen Patienten war.

Dank meiner Schwester musste ich diesmal nicht lange warten. Der Chirurg wusste aufgrund der Überweisung sofort um was es ging und erklärte mir, dass es besser wäre die OP in der Uniklinik machen zu lassen, da diese Ärzte auf diesem Gebiet mehr Erfahrung hätten, als er. „Die machen das jeden Tag", sagte er zu mir. Meine Schwester musste sofort dort anrufen um einen Termin zu vereinbaren. Aber so schnell ging das nicht. Man kann nicht gleich einen OP-Termin machen, zuerst muss man zur Untersuchung kommen, meinten die in Homburg, und einen Untersuchungstermin bekäme man frühestens in 4 Wochen. Na Bravo, dachte ich, vielleicht bin ich bis dorthin gelähmt, nur weil die keine Zeit für mich haben.

Es wurde also ein Termin vier Wochen später vereinbart.

Wie ich die nächsten Wochen aushalten sollte, wusste ich nicht. Mittlerweile war ich schon vier Wochen krankgeschrieben und es war kein Ende in Sicht.

Zwei Wochen später hatte meine Schwester für sich selber einen Termin in der Uniklinik, aber in einer anderen

Abteilung. Sie bot mir an mitzufahren und zu versuchen sofort einen Termin zu bekommen, wenn ich schon mal dort war. Ich konnte zu der Zeit zu Hause fast keine Arbeit mehr verrichten und hatte den ganzen Tag Schmerzen. Mein Mann musste abends, wenn er von der Arbeit kam, noch bügeln und ich kam mir ziemlich nutzlos vor.

Natürlich nahm ich das Angebot meiner Schwester an. Ich dachte, wenn die in der Uniklinik sehen, dass du Schmerzen hast, schicken die dich bestimmt nicht wieder weg. Aber da hatte ich falsch gedacht. Ich konnte erzählen, was ich wollte, ich bekam keinen Termin. Kommen Sie in zwei Wochen wieder, wurde mir gesagt. Wahrscheinlich hätte die ganze Sache erst funktioniert, wenn ich auf der Stelle zusammengebrochen wäre und ich ohnmächtig dagelegen hätte. Ich fuhr also wieder mit meiner Schwester nach Hause.

Wie die nächsten zwei Wochen vorübergingen, weiß ich heute nicht mehr. Jede Stunde war endlos lang. Diese Ungewissheit machte mich verrückt.

Dann kam der Termin und ich dachte, jetzt hast du es geschafft. Morgens um 8 Uhr fuhr ich mit meinem Mann nach Homburg, er hatte sich extra dafür freigenommen.

Ich kam nach einiger Wartezeit in ein kleines Zimmer mit zwei jungen Ärzten und musste alles genau erzählen. Dann schloss mich der eine Arzt an ein Gerät an, etwas komfortabler als beim Neurologen. Was er da machte wusste ich als medizinischer Laie natürlich nicht. Nach der Untersuchung meinte er: „ Ich kann nicht feststellen, dass irgendetwas nicht in Ordnung ist. Die Untersuchung beim Neurologen muss falsch gewesen sein. Dieses Gerät zeigt nichts außergewöhnliches an. Gehen Sie nach Hause und machen Sie einen Termin beim Orthopäden, denn das ist seine Sache. Machen Sie vorher noch mal einen Termin bei uns so in ca. vier Wochen, damit wir wissen, was aus dieser Sache geworden ist.!"

Meine ganzen Erklärungen nutzten nichts. Sie schickten mich weg.

Nun ging das ganze Drama wieder von vorne los. Zum Orthopäden sollte ich, aber ganz bestimmt würde ich nicht wieder zu diesem Arzt gehen, der mich so angeschrien hatte. Es gab noch zwei weitere Orthopäden am Ort. Ich ließ mir einen Termin geben, was noch am gleichen Tag möglich war. Eine andere Möglichkeit hatte ich nicht. Irgendwie kam ich mir von den Ärzten ziemlich verschaukelt vor und alleingelassen.

Der Arzt konnte die ganze Sache nicht glauben. Aber auch er wusste aufgrund der Untersuchungen in Homburg keinen anderen Rat, als mir meinen rechten Arm in Gips zu legen.

Ich weiß noch wie heute, dass ich danach meine Eltern anrief und sie darum bat

mich abzuholen, weil es mir nicht mehr
möglich war mit meinem Auto nach
Hause zu fahren. Mein Vater fuhr dann
mein Auto in unseren Hof und meine
Mutter brachte mich nach Hause.
Natürlich war ich nur noch am weinen.

Nach zwei Wochen Gips war die
Sache natürlich immer noch nicht
besser und Der neue Orthopäde
wusste auch keinen Rat mehr. Er
machte selbst in der Praxis noch mal ein
EMG, welches auch nichts anzeigte
und schickte mich noch mal zum
Neurologen. Der verstand natürlich die
Welt nicht mehr. Er meinte seine
Ergebnisse seien einwandfrei gewesen
und er hätte gedacht, die Sache wäre
längst erledigt. Das könne jetzt nicht
mehr so weiter gehen. Er schickte mich

wieder zurück zum Orthopäden, der folgendes zu mir sagte. „So, Sie gehen jetzt zu Dr. Frisch (Chirurg) und der wird ihnen weiterhelfen. Es geht nicht ohne Operation".

Das war jetzt der 6. Arzt, zu dem ich wegen dieser Sache gehen musste. So langsam hatte ich keine Lust mehr. Aber was blieb mir anderes übrig. Ich wollte endlich meine Schmerzen loswerden.

Der Chirurg stellte aufgrund der Diagnose des Orthopäden (Supinatorsyndrom beidseits) keine weiteren Fragen mehr und gab mir für die nächste Woche gleich einen OP-Termin. Er wollte das ambulant in seiner Praxis machen und ich würde danach wieder nach Hause gehen können.

Damals war das Verhältnis mit meinen Kolleginnen noch in Ordnung. Wir waren ein richtig gutes Team und telefonierten in dieser Zeit öfter miteinander.

Aber wenn ich so darüber nachdenke, glaube ich, dass sie diese Situation damals auch nicht verstanden haben. Wie auch, ich verstand ja selbst nicht warum das alles so lange dauerte.

Vielleicht wollten Sie mit ihren Telefongesprächen auch nur herausfinden, wann ich wiederkomme und sie meine Arbeit nicht mehr machen müssen. Mein damaliger Chef interessierte sich auch nicht viel für meine Situation und ich konnte von ihm kein Mitgefühl erwarten, obwohl ich ihm nur kurze Zeit vorher bei privaten und beruflichen Vorfällen im Büro, über die ich nicht näher eingehen will, zur Seite gestanden hatte. Er hatte damals schon alles aufgeben wollen, und ich habe ihn dazu ermutigt weiterzumachen und ihm meine Hilfe angeboten. Nun ohne mich und mein Schweigen wäre er wahrscheinlich heute nur ein normaler Angestellter.

Die Tage vergingen eigentlich schnell bis zum OP-Termin. Ich hatte ja jetzt endlich ein Ziel und es war ein Ende dieses Dramas in Sicht. Eine andere Möglichkeit hatte ich ja auch nicht. Ich wollte endlich meine Arme wieder gebrauchen können. Was hätte ich sonst auch tun sollen, in meinem Beruf braucht man vor allen Dingen Arme und Hände zum Schreiben. Die ganzen Wochen hatte ich genug Zeit gehabt darüber nachzudenken, was ich ohne die Kraft meiner Arme wohl tun könne in meinem weiteren Leben. Ich war oft sehr traurig in dieser Zeit und nur meine Familie gab mir die Kraft das alles zu ertragen.

Am Tag der OP, morgens um 8 Uhr, saß ich im Wartezimmer meines Arztes, die ersten Patienten kamen schon. Er machte die OP's immer morgens vor der Sprechstunde. Ich musste noch etwas warten, aber die Zeit war gegen die letzten Wochen nichts.

Der Chirurg gab mir dann zuerst eine

Spritze in die Achselhöhle. Damit war innerhalb kurzer Zeit mein ganzer Arm betäubt. Es war als ob er nicht mehr mir gehörte, sondern irgendein Gegenstand im Zimmer war. Dann wurde mein Arm von den Arzthelferinnen verdeckt, und es ging los. Alle standen mit Mundschutz an meiner Liege, es war wie im Fernsehen bei Arztserien nur diesmal war ich der Patient und es war alles echt.

Es war schon ein eigenartiges Gefühl, als ich merkte aufgrund der Unterhaltungen die der Arzt mit seinen Helferinnen führte, dass in meinem Arm jetzt ein großer Schnitt war und man meine Nerven sehen konnte.

Der Chirurg sagte, sie wären ganz verklebt gewesen und es wundere ihn nicht, dass ich Schmerzen hätte.

Er hatte noch mindestens 20 Minuten Arbeit, bis er den Schaden behoben hatte und die 12 cm lange Wunde genäht hatte. Ich merkte von alle dem nichts außer einem kleinen Zupfen. Nur diese 20 Minuten waren endlos lang und es war schon komisch, diesen drei Menschen so ausgeliefert zu sein.

Danach wurde mein Arm in eine Gipsschiene gelegt, die vorher bereits angefertigt worden war, und verbunden.

Aus dem Verband schaute ein kleiner Schlauch heraus, aus dem das Blut noch in einen kleinen Behälter lief, den ich am Gürtel der Hose befestigen musste. Er sollte noch ca. 2 Tage drin bleiben. So langsam kehrte wieder etwas Gefühl in meinen Arm zurück. Aber mit dem Gefühl kamen auch die Schmerzen. Der Chirurg gab mir ein Rezept für Schmerztabletten mit und ein Schreiben, was nach solchen ambulanten Operationen zu beachten war. Natürlich war darauf auch eine Telefonnummer vermerkt, wo ich ihn jederzeit erreichen konnte bei eventuellen Komplikationen. Jetzt hatte ich nur noch meinen linken Arm und der war auch nicht mehr ganz funktionsfähig. Es wurde auch dort immer schlimmer mit den Schmerzen und dem Lähmungsgefühl.

Wenn ich in dieser Zeit in der Stadt unterwegs war, (natürlich musste ich jetzt Bus fahren, Auto fuhr ich schon lange nicht mehr) hatte ich meine

Handtasche immer um den Hals hängen, wie ein Kind das in den Kindergarten geht.

Zwei Tage später wurde die Drainage entfernt und 8 oder 10 Tage später, genau weiß ich das nicht mehr, kam der Gips ab und die Fäden wurden gezogen. Jetzt musste ich erst wieder lernen meinen Arm zu gebrauchen und es würde sich erst herausstellen müssen, ob die Operation Erfolg gehabt hatte.

Es tat natürlich noch weh, besonders jetzt ohne Schiene und ich war schon richtig mutlos. Der Chirurg verordnete mir noch Reizstrom und mit jeder Behandlung merkte ich wie meine Kraft sehr langsam wiederkam.

Heute ist der Arm wieder voll funktionsfähig, nur wenn ich ihn lange oder stark belaste, wie beim Maschinenschreiben, kommen die Schmerzen und das lähmende Gefühl wieder. Dann muss ich sofort Pause machen.

Eine Woche später, (oder waren es zwei?) ging ich wieder arbeiten. Den OP-Termin für die 2. Operation (linker Arm) hatte ich bereits. Natürlich hätte ich auch zu Hause bleiben können, aber ich war jetzt 3 Monate krank und wollte endlich wieder etwas tun.

Ich saß also morgens um 8 Uhr wieder an meinem Schreibtisch im Büro und war ganz aufgeregt, was mein Chef wohl zu mir sagen würde. Aber die Aufregung war umsonst. Er lief einfach an mir vorbei und ignorierte mich total. Mir wurde richtig schlecht in diesem Moment. So kann man sich in den Menschen täuschen.

„Schön, dass Sie wieder da sind. Wie geht es Ihnen denn?" Diese Worte hätte ich mir gewünscht nach dieser langen Zeit.

Vor einigen Wochen hatten wir aufgrund meiner Arbeitslosigkeit ein Telefongespräch, er war ja nicht mehr mein Chef, und er sagte mir, dass er sich damals etwas geärgert hätte, die Sache heute aber völlig anders sehe und man darüber nicht mehr zu reden brauche. Er persönlich würde mich sofort in seinem Büro wieder beschäftigen.

Eine Woche später war der 2. OP-Termin und ich sagte meinem Chef, dass ich wenigstens 2 Tage brauchen würde, um mich einigermaßen von der OP zu erholen. Dann würde ich wiederkommen. Ich hatte ja dann den linken Arm in Gips und konnte wenigstens einige leichte Arbeiten verrichten.

Es verlief alles wie beim ersten Mal. Nur diesmal war kein Reizstrom danach nötig und ich merkte wie ich immer mehr Kraft bekam. So lief eigentlich alles wieder ziemlich normal, bis mein Chef uns einige Wochen später mitteilte,

dass er ein anderes Büro 100 km von hier übernehmen würde und wir einen anderen Chef bekommen würden. Das war jetzt der 3. Chef im selben Büro, den ich haben würde.

Als Einzige war ich mittlerweile vom 1. Chef übriggeblieben. Jeder hatte so andere Vorstellungen von seinem Personal.

Mein 3. Chef kündigte unserem Azubi gleich nach der Ausbildung und eine andere Kollegin tat es selber, weil sie ahnte, dass auch sie nicht länger erwünscht war.

Und die anderen kamen sich immer wichtiger vor.

Mein nächster Migräneanfall

Mein nächster Migräneanfall kam knapp vier Wochen nach dem letzten. An diesem Tag hätte ich mir den Arbeitsablauf in einem Büro eines Modegeschäfts ansehen sollen um zu sehen, ob mir die Arbeit zusagen würde.

Hatte ich diesen Anfall aufgrund der Aufregung oder wäre er sonst auch gekommen?

Ich habe keine Ahnung. Natürlich musste ich absagen. Später erfuhr ich, dass diese Arbeit sowieso nichts für mich gewesen wäre.

Ich quälte mich also fast einen ganzen Tag lang, konnte nichts essen außer 3 Löffel Suppe, so schlecht war mir.

Mittags rief ich dann bei meinem Schmerztherapeuten an und bat um seinen Rat.

Er bestellte mich gleich in die Praxis und behandelte mich mit Akupunktur, wonach es mir gegen Abend dann besser ging.

Außerdem gab er mir ein Rezept für Infusionen mit Aspisol u. Paspertin, die ich zu Hause aufbewahren sollte und im Notfall zu ihm mitbringen sollte oder wenn er nicht da sei zu meinem Hausarzt oder zum Notdienst. So müsse ich nicht so lange leiden und mir würde auf sanfte Art und Weise geholfen.

Was ich nicht verstehe ist, dass die Krankenkasse diese Medikamente

bezahlt und keine Akupunktur-
behandlung im Notfall, die bestimmt
weniger kosten würde und bestimmt
nicht so belastend für den Körper sei.

Die nächste Woche war im Bezug auf
Migräne wieder richtig super. Ich habe
nie geglaubt, dass ich das irgendwann
mal erleben würde. Nur fühle ich mich im
Moment irgendwie nutzlos zu Hause,
deswegen habe ich diese Zeilen
überhaupt geschrieben. Aber vor einer
eventuellen neuen Arbeitsstelle habe
ich richtig Angst. Wird es wieder so
werden wie vorher und werde ich
genügend Selbstvertrauen besitzen um
noch mal von vorne anzufangen?

Werde ich dann wieder anfangen
Tabletten zu schlucken, nur damit ich

arbeiten gehen kann und dem Druck gewachsen bin?

Ich habe jetzt wieder eine Bewerbung geschrieben auf eine Stelle, die mir vom Arbeitsamt vermittelt wurde. Obwohl mir die Stelle nicht zusagt, muss ich das tun, da ich sonst kein Arbeitslosengeld mehr bekomme.

Heute ist ganz tolles Wetter und ich würde mal gerne wieder durch die Fußgängerzone, wo die letzten Jahr meine Arbeitsstelle war, gehen. Aber ich habe Angst, dass ich jemand vom Büro treffe. Ich weiß nicht, wie ich mich dann verhalten soll. Ich glaube, die wissen gar nicht wie weh sie mir getan haben.

Oder habe vielleicht auch ich Fehler gemacht? Egal was passiert, immer suche ich den Fehler zuerst bei mir.

Mittlerweile sind fast 6 Monate seit meinem ersten Besuch beim Schmerztherapeuten vergangen und die Kopfschmerzen sind nicht schlimmer geworden. Wenn ich bedenke, dass ich vorher jeden Tag Kopfschmerzen hatte, denke ich manchmal ich träume. Jetzt habe ich mindestens 14 Tage im Monat an denen ich fast schmerzfrei bin. 1-2 Migräneanfälle im Monat muss ich zwar immer noch über mich ergehen lassen, aber das überstehe ich irgendwie. Und ich nehme immer noch keine Medikamente. Aber wie lange wird das andauern?

Die Akupunkturprüfung

Auch für meinen Arzt bin ich so was wie eine Paradepatientin. Deshalb hat er mich gefragt, ob ich mit ihm zu seiner zweiten Akupunkturprüfung nach Frankfurt kommen will, sozusagen als Modell.

Am Samstag, den 08.06.2002 ist dieser besondere Tag für mich.

Zum ersten Mal in meinem Leben bin ich aufgrund meiner Kopfschmerzen für jemanden wichtig.

Das ist wieder so eine Situation, bei der ich furchtbar aufgeregt bin. So viele fremde Menschen und eine ganz ungewohnte Umgebung und die Angst mich zu blamieren.

Was ist wenn ich Bauchkrämpfe kriege und vor lauter Aufregung kein Wort rauskriege, wenn ich vor so vielen Leuten was gefragt werde? Aber ich will das doch so gerne machen.

Dr. Koch wird mich am Samstag so gegen 8 Uhr abholen.

Als ich dann am Samstagmorgen bei ihm im Auto saß, war meine Aufregung nach ein paar Minuten verflogen. Die ganzen 45 km unterhielt er sich so nett mit mir, dass es mir immer besser ging.

Ich glaube ich hätte noch stundenlang mit ihm reden können.

Die Prüfung fand in einem Krankenhaus von Frankfurt statt, in einem Raum direkt hinter der Patientencafeteria. Es waren so ca. 70 Ärzte anwesend, die ihre Prüfung ablegen wollten und zwei die das ganze beurteilten.

Die Ärzte mussten immer in 3er Gruppen einen Vortrag über einen bestimmten Patienten halten, dessen Behandlung in ihrer Praxis zum Erfolg geführt hatte. Natürlich war es dabei von Vorteil, wenn der Patient auch mit anwesend war und es nicht so aussah, als hätte der Arzt den Patienten erfunden.

Schon als 3. Gruppe waren wir an der Reihe. Mit meinem Schmerz- therapeuten machten ein Orthopäde und ein Internist die Prüfung. Der Orthopäde war schon eine Woche vorher von außerhalb an einem

Samstag extra wegen mir zu meinem Arzt in die Praxis gekommen um mich kennenzulernen und mich zu untersuchen.

Ich hatte immer vor Ärzten einen ungehörigen Respekt, aber hier sah ich, dass das alles auch nur Menschen waren, die Prüfungen ablegen müssen, wie viele andere auch. Wenn ich es nicht gewusst hätte, ich hätte nicht geglaubt, dass das alles wirklich Ärzte waren.

So saß ich nun vor einer ganzen Ärzteschar, die sich meinen Fall anhörte. Meine ganzen Krankheits-daten wurden von Folie an die Wand geworfen und mein Schmerztherapeut begann mit dem Vortrag. Er wechselte sich mit seinen zwei Kollegen immer wieder ab. Zwischendurch musste ich einige Fragen über meine Situation beantworten.

Als der Vortag beendet war, zeigte sich die Vorsitzende von der ganzen Sache sehr beeindruckt. Sie fragte mich, wie ich die ganze Akupunktur denn empfunden hatte. Und ich antwortete was ich schon am Anfang dieses Berichtes geschrieben hatte. „Ich hatte mich schon damit abgefunden mein Leben mit täglichen Kopfschmerzen leben zu müssen. Ich hätte nie gedacht, dass es mir mal besser gehen würde.

"Und wie sieht die psychische Seite bei ihnen aus, wollte sie noch wissen.

„ Da geht es mir noch nicht so gut. Ich bin immer noch arbeitslos. Und wer stellt schon jemand ein, der 2-3 Tage im Monat krank ist."

Sie hörte mir interessiert zu und sagte daraufhin zu Dr. Koch dass es in solchen Fällen nicht mit zehn Akupunktursitzungen getan sei, und er mich noch nicht alleinlassen könne.

Er meinte daraufhin, dass er dass bestimmt nicht vorhabe.

Die Vorsitzende bedankte sich nochmals bei mir, dass ich hergekommen war und verabschiedete uns.

Nach einer kurzen Kaffeepause fuhr Dr. Koch mich wieder nach Hause. Ich hätte eigentlich gern noch ein bisschen länger zugehört. Unterwegs sagte er, ich solle nach wie vor alle 3-4 Wochen zur Akupunktur kommen, wenn' es auch die Krankenkasse nicht zahlen würde.

Eigentlich ist das für mich völlig unverständlich. Vor einigen Wochen habe ich bei der Krankenkasse angerufen und gefragt, wie es mit einer weiteren Kostenübernahme aussehen würde.

Die Dame am Telefon meinte, wenn es mir jetzt besser gehen würde, sei doch alles gut. Erst wenn es mir wieder schlechter geht, könne man darüber reden. Also, man muss erst ganz am Boden sein, bevor die Krankenkasse sich darum kümmert. Dabei sparen die jetzt enorme Kosten, die sie jahrelang für diese Triptane übernehmen mussten.

Eigentlich wollte ich an dieser Stelle mit meinem Bericht aufhören, da ich dachte, dass sich sowieso kein Mensch dafür interessiert, was ich mit dieser Migräne schon alles erlebt habe.

Die Biografie von vielen Prominenten wird irgendwann in einem Buch gedruckt und sollten sie auch noch an einer Krankheit leiden, dann verdienen sie zusätzlich zu ihrem vielen Geld noch an diesem Buch dazu. Aber ein ganz normaler Mensch ist dafür nicht wichtig genug.

Ich hab also meine Zeilen per Email an vier verschiedene Migräneseiten im

Internet geschickt um vielleicht anderen Leidensgenossen etwas Mut zu machen und eventuell zu helfen. Dabei hatte ich auch ein bisschen was zu tun, da ich manchmal vor lauter Langeweile totalen Frust habe.

Die erste Antwort kam schon zwei Stunden danach. Die Stiftung Kopfschmerz schien sehr beeindruckt davon und versprach die Zeilen in ihre Homepage aufzunehmen. Was auch der Wahrheit entsprach. Schon gegen Abend war mein Bericht im Internet zu lesen.

Die zweite Antwort kam einige Tage später von einer Firma der Pharmaindustrie. Eine Frau Dr. Becker bat mich um Erlaubnis, meine Geschichte zu Schulungszwecken zu verwenden, da auch sie sehr davon angetan war. Natürlich gab ich mein OK dazu.

Die dritte Antwort kam einige Wochen später von der Migräneliga. An einem Sonntagabend rief mich ein Dr. Fischer an, der Chefredakteur der Migränezeitschrift, und fragte mich, ob er meinen Artikel, natürlich in stark verkürzter Form auf 2-3 Seiten in der nächsten Zeitschrift veröffentlichen dürfe.

Ich war zunächst etwas überrascht, denn damit hatte ich nun wirklich nicht gerechnet. Er wollte außerdem, dass ich ihm ein Foto von mir schicke und gab mir seine Adresse. So langsam wurde mir die Sache etwas unheimlich. Aber

so hatte ich mir das eigentlich gewünscht.

Ein bisschen habe ich auch darüber
nachgedacht, was wäre wenn meine
ehemaligen Arbeitskolleginnen und
mein Chef diese Zeilen lesen würden.
Aber ich glaube kaum, dass sie sich
über Migräne im Internet informieren
und keine Migränezeitschrift lesen und
dann kann mir das nach allem was
passiert ist so ziemlich egal sein.

Nachdem Herr Dr. Fischer mein
Bild erhalten hatte, rief er noch mal an,
bedankte sich und bat mich ihm meinen
Bericht nochmals per Email zu
schicken, da seiner unvollständig war.
Das war kein Problem für mich, ein paar
Minuten später war auch das erledigt.

Er teilte mir noch mir, dass diese Migränezeitschrift im September erscheinen würde. Nun das hieß also noch mindestens vier Wochen warten.

Mit dem Warten ist das so eine Sache. Bei allem was ich im Moment erlebe ist Warten das 1. Gebot. Ich glaube seit ich arbeitslos bin mache ich nichts, als auf irgendwelche Entscheidungen warten. Ich weiß einfach nicht was aus meinem Leben wird. Ich möchte endlich wieder etwas tun und für etwas wichtig sein.

Eine andere Aufgabe

Vor einigen Wochen rief mich morgens mein Schmerztherapeut Dr. Koch an und teilte mir mit, dass er vielleicht eine Teilbeschäftigung für mich habe. Ich müsse dazu beim Jugendamt eine Fr. Braun anrufen. Näheres würde ich bei ihr erfahren.

Ich fand es zuerst einmal toll, dass er sich so um mich kümmerte und rief sofort dort an.

Frau Braun bestellte mich gleich für den nächsten Tag zu einem Gespräch um mich erst mal kennen zu lernen.

Da erfuhr ich dann um was es ging. Sie betreute eine Frau aus Arabien, die drei kleine Mädchen hatte im Alter

von drei bis sieben und von denen eins
schwerstbehindert war. Durch die
Pflege dieses Kindes hatte sie für die
beiden anderen so gut wie keine Zeit
und diese Kinder saßen den ganzen
Tag vor dem Fernseher. Das Jugendamt wollte nun, dass jemand so ca.
zweimal die Woche nachmittags die
Kinder abholen und irgendwas mit
ihnen unternehmen würde oder einfach
nur zu sich nach Hause und sich mit
ihnen beschäftigen ohne immer nur
Fernsehen. Sie gab mir zwei Fragebogen mit und bat mich darüber nachzudenken, alles auszufüllen, ein polizei-
liches Führungszeugnis zu beantragen,
ein Attest von meinem Hausarzt zu
besorgen, dass ich dafür geeignet sei
und danach mich wieder zu melden.

Nachdem ich die ganze Nacht darüber nachgedacht hatte und immer nur die beiden armen Kinder sah, rief ich am nächsten Morgen auf dem Jugendamt an und wir vereinbarten für den Tag darauf einen Besichtigungstermin unserer Wohnung und unseres Grundstücks.

Die Frau von Jugendamt brachte am nächsten Tag noch einen Kollegen mit und wir saßen zusammen auf unserer Terrasse und unterhielten uns. Beide waren von unserem Haus und unserem Grundstück begeistert und Frau Kern meinte, bei uns würde es aussehen wie im Sanatorium. Sie könne verstehen, dass mir hier die Decke auf den Kopf fallen würde vor Langeweile. Nachdem beide alles gesehen hatten, gingen Sie mit der Bemerkung, dass sie sich bei mir melden würden, wenn alles geklärt sei. Und ich hatte wieder etwas Hoffnung.

Wieder konnte ich nichts tun als auf Antwort warten.

Als ich nach 14 Tagen immer noch nichts gehört hatte, rief ich auf dem Jugendamt an und erkundigte mich nach der Sache. Frau Braun meinte wieder sie würde mich bei mir melden, wahrscheinlich in der nächsten Woche.

Wieder musste ich warten. Es vergingen weitere 2-3 Wochen ohne einen Anruf vom Jugendamt. Zwischenzeitlich hatte ich wieder einen Termin bei Herrn Dr. Koch und fragte ihn, ob ihm irgendwas bekannt sei, warum sich keiner vom Jugendamt bei mir melden würde. Er wusste nichts gegenteiliges, gab mir aber den Rat eine private Arbeitsvermittlung, deren Visitenkarte er mir schon vor einiger Zeit gegeben hatte aufzusuchen. Das könne nie was schaden. Ich wartete noch mal 1 Woche, dann unternahm ich einen letzten Versuch und rief nochmals auf dem Jugendamt an. Nun sagte mir Frau Braun, dass aus dieser Sache mit den zwei Mädchen nun wahrscheinlich doch nichts wird, da die Mutter mit ihren 3 Kindern in eine andere Stadt ziehen würde.

Aber ich würde beim Jugendamt auf der Liste stehen, und wenn sie was für mich hätten würden sie sich bei mir melden. Nun ich weiß nicht, was das für eine Liste ist und wie groß oder wie lange sie ist. Ich hatte im Moment wieder eine Hoffnung weniger.

Nach dieser Nachricht befolgte ich einen weiteren Rat meines Schmerztherapeuten und vereinbarte einen Termin bei der Privaten Arbeitsvermittlung, einer Frau Meier, für den nächsten Tag um 10 Uhr.

Es ist jedes Mal ein komisches Gefühl, wenn ich irgendwohin gehen muss, wo ich nicht weiß, wer oder was mich da erwartet. Aber Frau Meier war wirklich sehr nett.

Zuerst unterhielten wir uns ca. ½ Stunde über unsere Krankheiten, da auch sie Patientin von Dr. Koch war.

Ich hatte so wenigstens jemand, der mich und meine Situation verstand. Dann notierte sie meine Daten und gab mir außerdem ein Prospekt von einem neuen Projekt, welches erst Ende August anlaufen würde. Es ging um den Kinderkreisel, einer Kontaktstelle für Kinderbetreuung. Sie gab mir den Rat, mich umgehend dort zu melden. Dann redeten wir noch eine weitere ½ Stunde über verschiedene Themen, wie z. B. das Arbeitsamt und das Frauenforum. Nach einer guten Stunde bei der Verabschiedung gab sie mir den Rat, mich auf keinen Fall zu Hause zu vergraben, sondern so oft wie möglich raus zu gehen um Leute kennen zu lernen. Nun ja, ich wollte das ja auch nicht, immer allein sein. Außer meiner

Schwester habe ich eigentlich keinen zum Reden. Ich fühle mich oft sehr allein und einsam.

Zuhause meldete ich mich sofort bei dieser Kontaktstelle für Kinderbetreuung, von der nach einigen Tagen ein Brief mit einem Fragebogen kam, den ich innerhalb der nächsten 14 Tage ausfüllen sollte. Die Einladung für die Eröffnung würde mir in Kürze zugehen.

Nun ja, jetzt heißt es wieder warten.

Inzwischen ist schon der 7. August 02 und ich bin schon seit 9 Monaten arbeitslos. So langsam kriege ich Angst, was wird, wenn ich bis Ende des

Jahres keine Beschäftigung gefunden habe, denn dann bekomme ich kein Geld mehr von Arbeitsamt. Aber so war ich schon immer, über alles mache ich mir zu viele Gedanken. Wenn mein Mann wüsste, über was ich alles nachdenke, würde er bestimmt mit mir schimpfen. Ich kann einfach diese Zeit nicht genießen.

Es ist wie mit einer Frau, die mit aller Gewalt schwanger werden will, und es klappt nicht. Erst wenn sie sich mit dem Gedanken abgefunden hat, dass es nicht klappt und es akzeptiert, dann wird sie schwanger.

So ungefähr glaube ich geht es mir. Ich würde furchtbar gern wissen wie meine Zukunft aussieht.

Heute morgen hatte ich wieder einen Termin zur Akupunktur. Dr. Koch hat sich zuerst ganz lieb mit mir unterhalten, da wir uns 6 Wochen nicht gesehen hatten und wollte über alles Bescheid wissen, was so passiert war. Natürlich studierte er auch meinen Migräne-kalender, den ich glaube ich bis an mein Lebensende führen werde.

Der letzte Monat war im Vergleich zum vorhergehenden nicht so toll. Aber in diesem Monat gab es auch einen ständigen Wetterwechsel. Ich fragte ihn, ob es denn so schlimm sei, wenn ich 1-2 Mal im Monat eine Ascotop nehmen würde, z. B. bei wichtigen Terminen.

Na ja, daraufhin meinte er, das sei

ungefähr so, wie wenn man mit Rauchen aufgehört hätte und wieder anfange. Aber wenn ich ihm versprechen würde, das ich das nur auf Notsituationen beschränken würde, würde er mir ein Rezept geben.

Ich habe es ihm in die Hand versprochen. Und ein Versprechen habe ich noch nie gebrochen.

Nach der Akupunktur fuhr ich wieder nach Hause in dieses leere Haus.

Nachmittags gegen vier Uhr fingen wieder diese Schmerzen an, ich fühlte dass ein Migräneanfall im Anmarsch war. Immer wenn ich das merke, versuche ich zuallererst mich abzulenken. Ich suche mir eine Beschäftigung, die mir Spaß macht und versuche mich nur darauf zu konzentrieren. Es hat schon öfter geholfen. Aber diesmal hatte es keinen Sinn. Abends gegen ½ 10 Uhr ging ich dann ins Bett, wo es aber auch nicht besser wurde. Es ging die ganze Nacht durch, ich war nur in so einer Art Dämmerschlaf und alle 2 Stunden musste ich Aufstehen um auf die Toilette zu gehen.

Ich fühle mich bei einem Anfall jedes Mal so furchtbar hilflos und allein und habe keine Ahnung, wie ich das alles abstellen soll.

Jetzt ist die Nacht vorbei und es geht mir immer noch nicht besser. Jedes Mal bei einem Anfall überlege ich, ob ich zum Arzt zur Infusion gehen soll oder nicht. Hilft Sie oder nicht? Das weiß ich vorher nie. Bis jetzt hat es nur einmal geholfen.

Eigentlich hasse ich diese Infusionen, dabei komme ich mir immer so gefangen und angekettet vor an diesen Schläuchen. Das Beste daran ist, wenn es wieder vorbei ist.

Nun ich werde versuchen ohne einen Arzt klarzukommen.

Es ist jetzt einen Tag später und ich habe immer noch Migräne, deshalb bin ich heute morgen doch zu Dr. Koch gegangen. Er gab mir wieder eine Infusion. Gestern waren die Schmerzen vorne auf der rechten Seite und heute sind sie hinten auf der linken Seite und die ganze Schulter tut mir zusätzlich weh. Geholfen hat mir die Infusion nur so für ca. 2 Stunden. Und jetzt am Abend ist es kaum zu ertragen. Warum kann mir bloß keiner helfen?

Wenn ich eine neue Strafe für Verbrechen wählen könnte, ich würde jedem mal eine Woche Migräne geben und ich glaube, Sie würden bei der nächsten Straftat immer daran denken und niemals wieder ein Verbrechen begehen.

Am nächsten Morgen war es etwas besser, nur fühlte ich mich furchtbar elend. Und ich hatte doch noch so viele Arbeit heute.

Mein Mann wollte unbedingt Kerwe feiern und hatte für Sonntag zum Mittagessen die ganze Verwandtschaft eingeladen, das sind in allem 13-15 Personen. Er macht das furchtbar gerne, feiern und sich unterhalten. Ich habe auch gerne Gesellschaft, aber nicht so viele auf einmal. Und alle wollen essen und trinken. Und die Arbeit habe ich. Natürlich unterstützt mich meine Familie dabei, aber ich bin hinterher jedes Mal so fertig und erledigt, das ich wieder Tage brauche bis ich mich wieder wohl fühle.

Und diesmal war noch nicht einmal meine Schwester dabei, die einzige die mich versteht, denn im Moment war sie mit ihrer Tochter zur Kur.

Also ich hatte mindestens 3 Kuchen zu backen. Irgendwie habe ich es geschafft, denn es gab keinen der mir helfen konnte. Mein Mann und mein Sohn waren arbeiten. Den Nachmittag habe ich dann auf der Couch verbracht.

Und wieder denke ich, was wäre wenn ich arbeiten müsste. Ich wäre diese Woche wieder mindestens 2 Tage krank gewesen. Sonntags ging es mir dann nach anfänglichen Kreislaufschwierigkeiten einigermaßen gut. Ich musste ja auch fit sein um alle bedienen zu können. Mein Mann grillte und ich war für Salate, Brot, Geschirr, Kaffee, Kuchen usw. zuständig. Und immer versuchen ein strahlendes Gesicht zu machen, obwohl mir überhaupt nicht danach war. Wenn nicht, würde es heißen, warum machst Du so ein böses Gesicht. Aber meine Probleme versteht eh keiner. Ich habe im Moment nichts worauf ich mich freuen könnte.

Mein Psychologe, zu dem ich seit einiger Zeit gehe, meint ich müsse auch an Erfolge glauben, sonst wird das nichts. Aber wie soll ich das anstellen, wenn ich jedes Mal enttäuscht werde. An die Arbeit beim Jugendamt habe ich auch geglaubt und es ist nichts geworden. Jetzt muss ich wieder Wochen warten, bis ich weiß was aus der Sache beim Kinderkreisel wird.

Auch bei dieser Sache habe ich so meine Zweifel, ob ich das auch mit

Migräne schaffe, sollte es denn überhaupt klappen.

Wenn ich nur eine richtige Freundin, außer meiner Schwester hätte, nur zum Reden. Aber so sitze ich allein zu Hause.

Durch diese Migräne habe ich mich die ganzen letzten Jahre total isoliert. Ich war froh, wenn ich nach der Arbeit zu Hause war und hatte keine Kraft für andere Unternehmungen.

Die Frau von der Privaten Arbeits-vermittlung hat mir von einem Frauenforum erzählt, in dem sie tätig ist. Diese Frauen setzen sich für andere ein. Ich könnte ganz unverbindlich zu dem nächsten Treffen gehen und mir alles mal anzuhören. Aber passe ich da überhaupt dazu? Ich bin keine so starke Frau.

Heute Nacht hatte ich mal wieder so einen Traum, der mir zeigt, dass ich alles noch nicht verarbeitet habe.

Es war irgendein Fest in der Fußgängerzone, wo ich jahrelang gearbeitet hatte, und ich spazierte mit meiner kleinen Nichte durch die Straße. Irgendwo standen dann Bänke, wo auch zwei meiner ehemaligen Kolleginnen saßen. Ich setzte mich dazu, aber keine redete mit mir.

Ich war wirklich dort beim Frauenforum und ich denke es war gut so. Meine Schwester ist mit mir gegangen als

Unterstützung. Die Frauen waren wirklich sehr nett und freuten sich, dass eine Frau, die Tagesmutter bei ihrem neuen Projekt werden wollte, gekommen war, denn das Projekt „Kinderkreisel" war Hauptthema in der heutigen Sitzung.

Das Eröffnungsfest des Kinderkreisels wurde geplant und organisiert. Die vielen Arbeiten bei diesem Fest wurden verteilt und auch ich wurde gefragt, ob ich bereit an diesem Tag, dem 31.8.2002 zu helfen. Ich habe mich bereit erklärt bei der Ausführung einer Spieleolympiade mit zu helfen.

Und kaum habe ich zugesagt, ist mein nächster Gedanke: „Hoffentlich kann ich das und es geht mir gut?"

Unter anderem fragte mich auch eine Frau des Forums, ob ich auch bereit wäre für sie abends Babysitter zu machen. Natürlich wollte ich das und ich gab ihr meine Telefonnummer, falls sie mich brauchen würde.

Da ich erfuhr, dass außer mir ungefähr 120 Frauen diesen Job für den Kinderkreisel ausüben wollten, finde ich, war es gut, dass ich bereits vor der Eröffnung Kontakte geknüpft hatte und bei den Leuten bekannt war. So hatte ich bessere Chancen. Auch erhielt ich am nächsten Tag einen Anruf von der Leiterin des Kinderkreisels. Sie fragte mich, ob sie bereits jetzt schon vor der Eröffnung meine Telefonnummer an eine Frau, die stundenweise Betreuung (z.B. beim

Arztbesuch usw.) für ihr 1 ½ jähriges Baby brauchen würde, weitergeben dürfe. Natürlich war ich auch darüber erfreut und sagte ihr zu.

Ich denke, ich habe das alles richtig gemacht.

"Wenn ich nur nicht solche Angst vor diesen Migräneanfällen hätte.

In den letzten 10 Tagen ging es mir im Bezug auf Migräne wieder ziemlich gut. Ich denke jeder Tag ohne Kopfschmerzen oder Migräne ist wie ein Geschenk für mich.

Beim letzten Besuch bei meinem Schmerztherapeuten Dr. Koch hatte ich ihm zwei Migränemagazine mitgebracht und ihn gefragt, ob er die mal lesen wollte. Natürlich hat er sie behalten und bei der Rückgabe meinte er, wenn ich das alles wüsste, was da drin steht, könnte ich bald Vorträge an der Uni halten.

Na ja, das werde ich wohl nicht können, vor so vielen Leuten reden.

Aber ich würde mir sehr gern mal so einen Vortrag anhören. Bei der Migräneliga wird öfter von Migränesymposien berichtet. Aber die sind immer ziemlich weit weg und allein würde ich da sowieso nicht hingehen.

Ich hatte wieder an zwei aufeinanderfolgenden Nächten Träume, die ich so sehr hasse. Im ersten Traum saß ich mit meinen zwei Kolleginnen im Büro bei der Arbeit, genauer weiß ich es nicht mehr. Im zweiten Traum fragte mich mein Chef, ob diese Arbeit, die ich im Moment mache wirklich wichtig sei. Und ich kam mir wieder so vor, als ob ich nicht richtig und schnell genug arbeiten könne. Dann bat er mich zu einem Gespräch. Aber der Traum hörte dann auf. Manchmal wüsste ich gern, wie es weiter geht.

Wann hört das alles endlich auf? Ich bin doch so froh, dass ich da nicht mehr hin muss. Ich weiß gar nicht, wie ich es überhaupt so lange in diesem Büro ausgehalten habe.

Mein Therapeut meint, ich hätte das nur gemacht um es allen recht zu machen und meine Pflicht zu erfüllen. Und da ich Angst vor einer Alternative hatte, habe ich mich dabei ziemlich vernachlässigt und gequält.

Im Forum der Migräneliga habe ich eine Frau kennen gelernt, die ganz verzweifelt war. Sie hatte so ziemlich die gleichen Probleme, wie ich sie hatte. Tägliche Tabletten Einnahme, Kurantrag, jedoch Verweigerung durch die BFA, durch irgendwelche Gutachter, die meinen in 10 Minuten könnten sie alles beurteilen, dann Druck von der Chefin, da zu viele Fehlzeiten und schließlich Kündigung und Aufnahme in einer Klinik zum Tablettenentzug. Da sie mir so schrecklich leid tat und ziemliche Angst vor dem Entzug hatte, habe ich ihr privat per Email meine Geschichte geschickt, um sie etwas mit meinem Erfolg aufzubauen. Sie hat auch gleich geantwortet und man hat gemerkt, dass sie sich sehr darüber gefreut hat. Auch bat sie um meine Postadresse, damit sie mir während des Klinikaufenthaltes schreiben könne.

Wie gut, dass mir eine Klinik erspart geblieben ist. Denn das was ich so im Forum gehört hatte, war, dass man nach dem Entzug in der Klinik so ziemlich allein gelassen wird und nach einer gewissen Zeit alles von vorne anfängt. Wenn ich Probleme habe, kann ich zu jeder Zeit zu meinem Schmerz-therapeuten gehen und er versucht mir zu helfen.

Ich würde mich gern irgendwie für alles bei ihm bedanken. Aber wie ich das machen soll, weiß ich nicht.

Diese Frau, die Betreuung über den Kinderkreisel für ihre kleine Tochter sucht, hat tatsächlich bei mir angerufen. Wir haben uns ganz nett unterhalten, und sie hat mir erzählt, dass sie erst vor kurzem mit ihrer Familie nach Pirmasens gezogen ist und keine Verwandten und Freunde hier hat. Sie möchte gern, dass ihr jemand 1-2 mal die Woche die Kleine abnimmt, wenn Sie zum Arzt muss oder andere Besorgungen zu machen hat. Auch wäre sie beruhigt, wenn jemand für das Kind da wäre, falls sie mal krank werden würde. Wir haben für den nächsten Donnerstag ein Treffen vereinbart, damit wir uns besser kennen lernen.

Ich denke es wird so langsam alles gut.

Das 1. Treffen mit der Mutter der kleinen Marie verlief ganz anders, als ich es mir vorgestellt hatte. In meinem bisherigen Leben war es immer so, dass am meisten die anderen geredet haben, und ich habe zugehört. Jetzt hatte ich eine schüchterne und zurückhaltende Mutter vor mir sitzen, mit der ich ein Gespräch führen musste. Trotzdem unterhielten wir uns ganz nett, natürlich im Allgemeinen über Kinder und ihre Situation hier in Pirmasens. Nach einer halben Stunde ließ sich die kleine Marie sogar von mir durch die Wohnung tragen. Eine Stunde später verabschiedeten wir uns und verabredeten uns für die nächste Woche.

An diesem Tag hatte ich morgens einen Migräneanfall. Es war noch einigermaßen zu ertragen und ich dachte, hoffentlich wird es nicht schlimmer, damit ich nicht schon das 1. Treffen absagen muss. Gegen Mittag rief die Mutter bei mir an und teilte mir mit, dass die kleine Marie krank war. Sie hatte einen Infekt, musste Antibiotika schlucken und hatte davon einen allergischen Ausschlag. Frau F. fragte mich, ob es möglich sei, dass ich ausnahmsweise bei ihr vorbeikam, da sie mit der Kleinen nicht nach draußen wollte. Natürlich war auch das kein Problem für mich, zumal sie nur ca. 1 km entfernt von mir wohnte.

Die Migräne war mittlerweile etwas besser zu ertragen.

Ich fuhr gegen 14 Uhr dorthin und begann mit der Kleinen zu spielen. In der vertrauten Umgebung vermisste sie ihre Mutter, die in der Zwischenzeit ein Stockwerk höher ging, um ihre Wäsche zu bügeln, eine ganze Zeitlang nicht. Bis sie auf einmal unruhig wurde, hauptsächlich glaube ich, weil es sie am ganzen Körper aufgrund der Allergie juckte. Ich trug sie eine Weile im Zimmer herum und plötzlich war sie an meiner Schulter eingeschlafen.

Ich legte sie auf die Couch und wartete noch ein paar Minuten bis die Mutter wiederkam und verabschiedete mich.

Die nächsten beiden Tage waren etwas aufregend für mich.

Ich hatte mich beim Kinderkreisel für eine Qualifizierungsmaßnahme für Tagesmütter, die Erste hier in der Stadt überhaupt, angemeldet und am Freitag, dem 06.09.02 von 18.00 bis 21.00 Uhr war der erste Kurstag. Ich war sehr gespannt auf die anderen Mütter, eine kannte ich schon aus dem Freundeskreis meiner Schwester. Aber wie immer in meinem Leben machte ich mir zu viele Gedanken. Alle waren supernett und man konnte sich mit jeder sehr gut unterhalten. Sie hatte ja auch alle das gleiche vor, als ich, nämlich Kinder betreuen. An diesem ersten Tag wurden wir über die Rechtlichen Grundlagen der Tagespflege

aufgeklärt und bekamen einen Über-
blick darüber, was Tagespflege
überhaupt bedeutet.

Am nächsten Morgen um 9.00 Uhr
ging es dann weiter mit der Spiel-
erziehung und der Entwicklungs-
psychologie.

Der Kurs endete an diesem Tag um
16.00 Uhr. An diesem Abend war ich
dann ganz schön geschafft. Ich nahm zu
Hause ein Bad und war den Rest des
Tages zu nichts mehr fähig.

Am Sonntagnachmittag holte mich
dann die Migräne wieder ein.

Ob es von der Aufregung der beiden
letzten Tage war oder vom
Wetterwechsel, ich weiß es nicht. Aber

das ist ja eigentlich egal, gegen beides kann ich nichts machen. Fakt war, sie war da und das innerhalb von 1 Stunde so schlimm, dass es schlimmer kaum kommen konnte. Ich legte mich ins dunkle Zimmer und hielt nur noch meinen Kopf fest, damit er nicht platzte.

Wie ich das immer wieder ertrage, ich weiß es nicht. Wenn es so schlimm ist, hilft mir überhaupt nichts. Keine Tabletten, vielleicht ein kleines bisschen eine Infusion, aber es war Sonntag und zum Notdienst, das heißt zu einem fremden Arzt, der mich nicht kennt, wollte ich nicht. Also hieß es durchhalten.

Am nächsten Morgen, die Migräne war natürlich immer noch da, zwang ich mich dann aufzustehen und zum Arzt zu fahren.

Wie immer, wenn ich mit starken Schmerzen kam, musste ich nicht lange warten und konnte mich sofort hinlegen. Er sagte, kaum würde er mich ein paar Tage allein lassen, hätte ich wieder Kopfschmerzen. Er macht immer irgend einen Scherz um mich ein bisschen aufzuheitern. Er legte die Infusion an, versorgte mich noch mit einigen Aku- punkturnadeln hauptsächlich im Kopf und ging wieder. Diesmal merkte ich schon während der Infusion, dass es besser wurde. Vielleicht war auch schon das Ende des Anfalls erreicht, da er bereits schon über 20 Stunden dauerte, ich weiß es nicht. Aber vielleicht hat diesmal das Aspisol auch mal geholfen.

Deshalb sagt mein Arzt immer, wir müssen es probieren.

Am nächsten Tag wurde die kleine Marie das erste Mal zu mir nach Hause gebracht. Als ihre Mutter ging, hat die Kleine geweint, was natürlich normal ist, bei einem Kind, das bis zu diesem Tag immer nur mit der Mutter zusammen war. Aber irgendwie habe ich es geschafft, sie immer wieder abzulenken bis die zwei Stunden vorbei waren.

Abends erhielt ich dann einen Anruf von einem Herrn Bauer, der ab November 02 Betreuung für seinen kleinen Sohn wollte. Es sollte einmal von 9.00 bis 11.00 Uhr von Montag bis

Freitag sein, und abwechselnd auch mal von 14.00 bis 17.00 Uhr. Seine Frau wollte wieder in ihren Beruf zurück und das wäre später nicht möglich gewesen. Er wollte sich mit mir in einem Biergarten treffen, nächsten Freitag um mich kennen zu lernen.

Ich sagte ihm, dass man sich normal dort trifft, wo die Kinder hinkommen sollen, im Hause der Tagesmutter, aber er meinte, das wolle er später.

Am nächsten Tag kam mittags die kleine Marie wieder. Diesmal schlief sie, als sie mit ihrer Mutter kam und sie legte die Kleine sofort in den Kinderwagen und ich ging mit ihr spazieren. Als sie wach wurde, schaute sie etwas kritisch in die Welt, weil ihre Mutter nicht mehr da war, aber eine große Heulerei, wie beim letzten Mal, gab es nicht. Erst gegen Ende der 2 Stunden merkte man, dass sie langsam unzufrieden wurde.

Abends war dann der nächste Kurstag in der Qualifizierung für Tagesmütter. Diesmal ging es um Erste Hilfe am Kind und Kinderkrankheiten.

Ich hatte auch Gelegenheit mit der Leiterin des Kinderkreisels über die Betreuung des kleinen Jungen, dessen Vater ich auf dem Beckenhof treffen sollte, zu reden. Sie sagte mir, dass er außer meiner Adresse auch die zweier Kolleginnen bekommen hätte. Wahrscheinlich wolle er deshalb auf in dem Biergarten eine Vorauswahl treffen.

Ich sagte ihr, dass das Ganze für mich wahrscheinlich zu viel werden würde, jeden Tag den kleinen Jungen und dazu auch noch die kleine Marie.

Deshalb entschied ich mich dafür, den Eltern abzusagen, bevor sie sich Hoffnung machten.

Die nächsten Tage waren ohne besondere Vorkommnisse. Es waren 3 Geburtstage in der Familie, an drei aufeinanderfolgenden Tagen. Das hieß 3 Tage hintereinander Treffen mit derselben Verwandtschaft. Aber auch das ging vorüber.

Am Tag darauf, einem Mittwoch, kam die kleine Marie wieder zu mir. Sie schlief wieder, als sie kam und ich ging eine ganze Stunde mit ihr spazieren. Ich wunderte mich über mich selbst, so weit war ich noch nie alleine gelaufen. Es war herrliches Wetter und ich fühlte mich großartig. Sonst hatte ich eher Angst, mich weit von zu Hause zu entfernen, aber diesmal war es anders. Es machte mir richtig Spaß. Als die Kleine wach wurde, ging ich mit ihr noch ins Tierheim und sie war ganz erstaunt, als sie die vielen Hunde sah.

Am 28.09.02, einem Samstag, war es dann soweit. Es war der letzte Tag der Qualifizierungsmaßnahme für den Kinderkreisel.

Diesmal ging es um die Erziehung und die Eingewöhnungsphase der Kinder. Mittags, gegen 15 Uhr kam dann der

Leiter der Familienbildungstätte, und befragte uns, wie wir das Ganze den empfunden hatten. Ob es uns gefallen hatte, und ob es Sachen geben würde, die wir noch gerne lernen würden.

Dann kam die Überraschung. Es kamen Reporterinnen von beiden Tageszeitungen, die Bilder machten und uns nacheinander zu unseren Tätigkeiten befragten. Es war wie im Fernsehen. Wir bekamen unser Zertifikat überreicht und alle strahlten.

Dann tranken wir zusammen noch ein Glas Sekt und verabredeten uns für ein Treffen am 05.12.02 in der Familienbildungsstätte.

Ich fuhr nach Hause und war unsagbar

stolz.

Montags darauf erschien dann alles in den Zeitungen. Morgens um 8.30 Uhr klingelte bereits das Telefon. Es war meine Schwiegermutter, die von alle dem noch nichts gewusst hatte und ich glaube, sie hatte sich beim Frühstück verschluckt, als sie das Bild ihrer Schwiegertochter in der Zeitung sah. Jetzt wollte sie natürlich alles genau wissen. Mein Mann gab ihr bereitwillig Auskunft, was ich so mache.

Ich fühlte mich super.

Am nächsten Tag hatte ich wieder einen Termin zur Akupunktur. Schon als ich die Praxis betrat, sagte die

Arzthelferin: „ Sie waren ja heute in der Zeitung „. Ich kam mir richtig berühmt vor.

Meinem Schmerztherapeuten präsentierte ich dann ganz stolz mein Zertifikat und die Zeitungsartikel. Er freute sich sehr darüber. Ich sagte ihm, dass ich das alles ohne seine Mithilfe nicht geschafft hätte und er wurde sehr verlegen. Er meinte, er hätte mir zwar die Tips gegeben, aber ausgeführt hätte ich das alles ganz alleine.

Die nächste Woche ging's mir im Bezug auf die Migräne und auch sonst wieder ziemlich gut. Ich hatte jetzt irgendwie die Hoffnung, zusätzlich zu der kleinen Marie noch ein Tageskind zu finden, das ich stundenweise betreuen konnte.

Aufgrund meiner Ausbildung konnte ich jetzt überall Werbung für mich machen. Alle die ich kannte, die kleine Kinder hatten, unsere Bäckerei z.B. oder meinen Friseur informierte ich über meine Qualifikation.

An einem Tag in dieser Woche, ich glaube es war der Dienstag, kam die kleine Marie wieder zu mir. Diesmal war es morgens 10 Uhr und sie war natürlich wach. Als sie mit ihrer Mutter durch die Gartentür kam, strahlte sie mich an. Sie ist richtig süß, hat rote Haare und blaue Augen. Ihre Mutter setzte sie dann in den Kinderwagen, da herrliches Wetter war und ich wollte dann mit ihr spazieren gehen. Ich machte die Mutter darauf aufmerksam, dass sie sich von ihrem Kind verabschieden müsste, so wie ich dass in der Qualifizierung gelernt hatte. Aber kaum hatte sie das Wort „Tschüss" gesagt, fing Marie auch schon an zu heulen. Die Mutter fuhr weg und ich ging mit Marie los. Als sie nach etwa 10 Minuten immer noch jammerte, trotzdem ich ständig versuchte sie zu beruhigen, drehte ich um und ging wieder Richtung nach Hause. Kaum war ich da angelangt, kam mein Sohn Max mit seinem Auto von der Arbeit nach Hause. Er nahm sie aus dem Kinderwagen, sie schaute ihn an und sie war still. Ich weiß nicht, was in der Kleinen vorging und was er machte, was ich nicht gemacht hatte, aber Hauptsache war es ging ihr wieder besser. Wir gingen zusammen spazieren, und sie ließ sich nur von ihm tragen.

Bemerkenswert war, dass sie Max erst zweimal gesehen hatte.

Der Rest der Betreuungszeit lief ohne Komplikationen ab.

Am nächsten Sonntag passierte etwas, womit ich nie im Leben gerechnet hatte.

Mittags, so gegen 16 Uhr rief mich mein früherer Chef an, der sein Büro jetzt in Neustadt hat. Ich hatte Tage vorher mal kurz darüber nachgedacht, dass auch er mich vergessen hatte.

Aber scheinbar war das nicht so. Er erklärte mir, dass er sich von seinem Partner getrennt hatte und jetzt sein eigenes Büro in Kaiserslautern hätte. Er wollte wissen, was ich denn jetzt so mache, hauptsächlich in beruflicher

Hinsicht. Ich erklärte ihm kurz meine Tätigkeit als Tagesmutter und er sagte mir, dass er für sein Büro eine Buchhaltungskraft brauchen würde, und zwar so eine wie mich, da ich für ihn immer sehr zuverlässig gewesen war. Er würde nicht mir, sondern sich selbst damit einen Gefallen tun. Ich sagte ihm, dass mir das zu viel werden würde, jeden Tag nach Kaiserslautern zu fahren. Denn auch aufgrund meiner Migräne würde ich einen flexiblen Job brauchen, wo ich mir die Zeit selbst einteilen konnte. Alles was ich für ihn tun konnte wäre, diese Arbeit von zu Hause aus zu machen. Ich sagte das nur so, weil ich dachte, das will er sowieso nicht. Aber er meinte, er würde mit Sicherheit darauf zurückkommen. Ob ich ihm das glauben soll? Er hat für Entscheidungen früher immer sehr lange gebraucht und das wird auch heute noch so sein. Na jetzt heißt es wieder warten, was daraus wird. Und wieder fange ich an mich mit einem Notariat zu beschäftigen, was ich eigentlich nie mehr in meinem Leben tun wollte.

Am nächsten Tag holte mich die Migräne wieder ein.

Es ging mir am Abend vorher schon nicht besonders gut, meistens fingen die Kopfschmerzen ganz langsam an und waren anfangs noch zu ertragen aber am nächsten Morgen hatten Sie mich vollkommen erwischt. Ich versuchte es anfangs zu ertragen, denn manchmal, zwar sehr selten, habe ich Glück und der Anfall ist nach ein paar Stunden vorbei. Aber am Nachmittag war die Migräne immer noch nicht verschwunden, im Gegenteil es wurde immer schlimmer. Dr. Koch hatte Urlaub, aber ich hatte ja noch meinen Hausarzt, der die Infusion mit Aspisol genauso gut machen konnte, nur eben nur ohne einige Akupunkturnadeln. Ich wurde sofort nach meiner Ankunft dort in die Praxisräume gelassen und durfte mich hinlegen.

Und wieder einmal schaute ich der Infusion Aspisol zu, die langsam in meinen Körper tropfte.

Eine Stunde später fuhr ich nach Hause und legte mich sofort wieder hin. Erst am nächsten Morgen wurde es langsam besser und gegen Mittag war die Migräne verschwunden. Ich konnte sogar in die Stadt gehen, einen kleinen Einkaufsbummel machen.

Aber all das hielt diesmal nicht sehr lange an. Bereits am nächsten Morgen hatte ich erneut einen Anfall. Ich wartete bis kurz nach 11 Uhr, dann fuhr ich erneut zu meinen Hausarzt. Bis mittags konnte ich diesmal nicht warten, weil es ein Mittwoch war und die Praxis mittags geschlossen war.

Diesmal gab er mir Injektionen mit Procain in den Hinterkopf. Das war nicht gerade angenehm, aber was nahm ich nicht alles in Kauf, nur um diese Migräne loszuwerden. Erst gegen Abend ging es mir dann wieder besser.

Immer wenn ich eine Migräneattacke überstanden habe, denke ich sie war schlimmer als all die anderen. Aber wenn dann nur ein oder zwei Tage vergangen sind, an denen es mir wieder gut geht, habe ich das alles wieder vergessen.

Für meine Zukunft habe ich so einige Ziele, die ich mir gesetzt habe, ob ich sie erreiche, weiß ich nicht aber ein Versuch ist es wert.

Ich möchte nie wieder täglich unter Druck in einem Büro arbeiten müssen.

Ich möchte mir meine Zeit frei einteilen, und dann arbeiten, wenn es mir gut geht und ich keine Migräne habe. Dann kann ich das meiste leisten.

Wenn ich zu Hause arbeiten könnte, dann wenn es mir gut geht, würden meinem Chef keine Fehlzeiten entstehen.

Ich möchte mit meinem Chef ein freundschaftliches Verhältnis haben und mit ihm über alles reden können, auch über meine Migräne.

Ich möchte die Migräne in Zukunft keinem mehr verheimlichen und so tun, als gäbe es sie nicht. Sie ist ein Teil von mir.

Die nächsten Tage liefen eigentlich wieder ziemlich normal ab. Die Migräne hatte ich wieder für einige Zeit besiegt, die kleine Marie war mit ihrer Mutter im Urlaub und ich hatte Zeit mich wieder zu erholen.

Drei Tage später sollte ich die kleine Marie wieder betreuen. Die Mutter hatte einen Tag vorher angerufen und mit mir einen Termin für Mittwoch, 10 Uhr vereinbart. Aber diesmal lief es nicht so, wie vorher. Nachdem ihre Mutter weggegangen war, schrie die Kleine 1 ½ Stunden, erst die Stunde darauf war sie ruhig, spielte und lachte. Zum Glück war mein Sohn zu Hause und wir konnten uns mit trösten und herumtragen abwechseln. War die Kleine bei mir, wollte sie zu ihm, war sie bei ihm, wollte sie zu mir. Es war nicht einfach und die Mutter meinte später, das wäre schwer verdientes Geld gewesen.

Ich habe mir dann intensiv überlegt, was wohl der Grund für dieses Schreien war. Es waren einige Dinge anders, als vorher.

Am Anfang hatte die Mutter die Kleine gebracht, wenn sie schlief und wenn sie dann wach wurde, war nur noch ich da. Sie war davon nicht gerade begeistert und weinte ein paar Minuten, aber sie beruhigte sich innerhalb kurzer Zeit. Ich denke, die Mutter hatte dabei ein weniger schlechtes Gewissen, wenn sie die Kleine bei mir abgab und musste ihr Weinen nicht ertragen, aber ob sie ihr damit einen Gefallen tat, ich glaube es nicht.

Als nächstes mussten wir zum ersten Mal während der Betreuung im Haus bleiben, da es regnete. Sonst hatten wir die ganze Zeit draußen verbracht. Vielleicht war auch das ein Grund. Ich habe die Mutter darauf hingewiesen, dass die Eingewöhnungszeit bei der kleinen Marie doch noch nicht abgeschlossen war, wie wir es gedacht hatten und wir ihr noch etwas Zeit geben müssten. Sie wollte es trotzdem zwei Tage später noch einmal versuchen.

Aber an diesem Tag wich die Kleine noch keinen Zentimeter von ihrer Mutter. Sie konnte sich noch nicht einmal bewegen, ohne dass die Kleine anfing zu schreien. Diesmal sah auch die Mutter, dass es so keinen Sinn hatte. Sie blieb ungefähr eine Stunde da und nahm das Kind dann mit zum Einkaufen.

Wir vereinbarten für die nächste Woche, dass sie jetzt täglich eine Stunde mit ihr kommen und auch dabei bleiben würde. Vielleicht würde sich Marie ja dann daran gewöhnen.

Gerade zu dem Zeitpunkt, als die Mutter mit der kleinen Marie bei mir war, rief die Dame vom Kinderkreisel an. Sie erzählte mir, dass sich eine Frau bei ihr gemeldet hatte, die für 3 Tage die Woche, Montag, Mittwoch und Freitag, eine Tagesmutter für ihren 8 Monate alten Sohn suche, da sie ab Januar nächsten Jahres wieder arbeiten gehen wolle. Ich bat sie meine Telefonnummer und meine Adresse weiterzugeben, ich wollte mich auf jeden Fall mit der Mutter unterhalten.

Ein paar Minuten später meldete sich auch die Mutter telefonisch und wir vereinbarten ein Treffen für nächste Woche Dienstag, 15 Uhr.

Heute, am 15.10.2002, ist das Migränemagazin mit meinem Artikel erschienen. Ich bin richtig stolz darauf. Drei Seiten in einem Magazin, die von mir geschrieben sind, mit Foto und Namen versehen. Jetzt kann jeder meine Geschichte lesen, natürlich stark verkürzt auf drei Seiten.

Alle in meiner Familie waren überrascht. Ich glaube, das hätten sie mir nicht zugetraut. Mein Vater hat mich in den Arm genommen, als ich kam. Ich erinnere mich nicht, wann er das zum letzten Mal gemacht hatte. Wie es mir wirklich ging, die ganzen letzten Jahre, hat meiner Meinung nach keiner gewusst. Mein Mann hat applaudiert, als er die Zeilen gelesen hatte und gesagt, er hätte jetzt einen Schriftsteller in der Familie. Mein Schmerztherapeut hat gestrahlt und wollte unbedingt ein eigenes Exemplar haben, eine Kopie reichte ihm nicht.

Ich werde es ihm schenken, er hat bereits genug für mich getan. Am nächsten Dienstag kam dann die Mutter mit dem kleinen Mirko. Sie erzählte, dass sie am überlegen sei, ob sie Teilzeit oder Vollzeit arbeiten wolle, aber natürlich müsse sie vorher erst prüfen, ob es klappt, wenn der Kleine zu einer Tagesmutter muss. Ich erklärte ihr, dass ich bereit sei, den Kleinen von morgens 8 Uhr bis mittags 14 Uhr zu betreuen und das drei Tage die Woche. Für den Rest hätte sie andere Personen. Auch würde ihn jemand dann mittags um 14 Uhr bei mir abholen. Aber wie gesagt, sie müsse sich noch zwischen zwei Stellen entscheiden und wollte mir dies bis Freitag mitteilen.

Freitag morgen rief sie dann an und sagte mir, dass sie nun doch Vollzeit arbeiten wolle und auch niemand habe, der den Kleinen um 14 Uhr bei mir abholen könnte. Er müsste dann den ganzen Tag bei mir bleiben. Ich sagte erst mal gar nichts und lies sie reden. Sie erinnerte sich noch daran, dass ich gesagt hatte, den ganzen Tag wäre mir zu lang und sie hätte bereits mit einer meiner Kolleginnen telefoniert, zwischen uns Beiden hatte sie die

Auswahl, und die wäre auch bereit, den Kleinen den ganzen Tag zu betreuen. Sie wolle jetzt erst mal sehen, ob das klappt und der Kleine bei ihr bleibt. Ehrlich gesagt, ich wusste in diesem Moment nicht, ob ich nun traurig oder froh sein sollte über diese Entscheidung.

Mit einer täglichen Betreuung über einen so langen Zeitraum fühle ich mich etwas überfordert und war froh, dass es nicht klappte, andererseits hatte ich nun wieder keine neue Aufgabe.

Die kleine süße Marie habe ich mittlerweile zweimal gesehen. Einmal bei mir und das nächste Mal war ich bei ihr zu Hause, da das Auto der Mutter kaputt war. Die ersten paar Minuten hat sie immer Angst, dass die Mutter weggeht, aber dann spielt und lacht sie mit mir und beim letzten Mal durfte ich sie sogar wieder einmal halten. Ich werde das noch eine Woche durchziehen und dann langsam, vielleicht erst mal für ein paar Minuten probieren, ob sie allein bei mir bleibt. Ich würde mich wirklich sehr darüber freuen.

Heute ist der 29. Oktober 02 und es hat mich wieder erwischt. Knapp 14 Tage nach dem letzten Migräneanfall.

Ich hatte am Abend vorher schon Kopfschmerzen, aber manchmal sind sie am nächsten Morgen verschwunden und es waren ja auch erst zwei Wochen seit dem letzten Anfall vergangen. Sonst kamen Anfälle von dieser

Stärke nur einmal im Monat. Es war so schlimm, dass ich nicht wusste, wie ich morgens aus dem Bett kam. Beim Zähneputzen musste ich erst einmal erbrechen, obwohl ich noch nichts gegessen hatte und das wohl auch so schnell nicht tun würde. Ich saß im Badezimmer und überlegte, was passieren würde, wenn ich jetzt einfach umfallen würde. Bis mich jemand finden würde, wären mindestens 6 Stunden vergangen. Ich nahm meine ganze Kraft zusammen und fuhr zu meinem Schmerztherapeuten. Hinterher überlege ich immer, wie ich das mache, mit diesen höllischen Schmerzen Autofahren. Gott sei dank ist mir dabei noch nichts passiert. Er lies mich sofort in die Kabine, gab mir die berühmte

Infusion Aspisol, setzte außerdem einige Akupunkturnadeln und verschwand wieder. Er war wieder total im Stress, denn die Praxis war voll.

Und wieder tropfte dieses Zeug in mich hinein, nur diesmal etwas schneller als sonst, was mir auch recht war.

Ich fuhr danach gleich wieder nach Hause und legte mich für den Rest des Tages auf die Couch. Meinen Termin mit der kleinen Marie an diesem Tag musste ich leider absagen, was mir sehr leid tat. Ich dachte so für mich, jetzt hast du nur 2 Termine die Woche und kannst noch nicht mal diese erfüllen.

Geholfen hat die Infusion diesmal überhaupt nicht. Alles was besser war,

war, das ich wieder etwas essen konnte.

Es ist jetzt einen Tag später und diese Migräne ist immer noch da. Es ist wie immer die reinste Folter. Heute Mittag um 15.00 Uhr habe ich noch mal einen Termin zur Akupunktur.

Gegen 14.00 Uhr wurden die Kopfschmerzen langsam etwas schwächer und ich freute mich auf meine Akupunktursitzung.

Mein Arzt strahlte, als er sah, dass es mir etwas besser ging. Er erklärte mir, dass jetzt fast 1 Jahr seit Beginn der Therapie vergangen sei und er einen neuen Antrag bei der Krankenkasse für Akupunktur für mich gestellt hatte. Die Verlängerung dafür gab er mir gleich mit. Nur weiß ich nicht, ob das meine Krankenkasse noch bezahlt, da ich wahrscheinlich ab Januar kein Arbeitslosengeld mehr bekomme und in die Krankenkasse meines Mannes wechseln muss. Er erklärte mir, dass die Krankenkasse meines Mannes nur 10 Akupunktursitzungen bezahlt und keine 15, wie meine bisherige Krankenkasse. Aber so ist das im Leben, wenn man bei etwas sparen will, wie Beiträge für die Krankenkasse, muss man auch mit weniger Leistung zufrieden sein.

Inzwischen sind 2 Wochen vergangen und es ging mir im Bezug auf die Migräne wieder sehr gut. Manchmal glaube ich, es ist alles nur ein Traum, aus dem ich irgendwann wieder erwache. Wenn es mir so gut geht, kann ich mir gar nicht vorstellen, dass die Migräne wieder kommt, aber das geht schneller, als ich denke. Auch denke ich, ich könnte alles leisten was ich will, da ja die Migräne weg ist.

Es ist mir ziemlich langweilig im Moment. Die kleine Marie war auch seit 2 Wochen nicht mehr da. Ist es, weil ich den letzten Termin bezüglich der Migräne abgesagt habe? Ich habe die Mutter in dieser Zeit zweimal angerufen und sie sagte mir, dass die Kleine Fieber hätte und krank sei. Auch habe ich mein Geld für den letzten Monat noch nicht bekommen und heute ist der 14.11.2002.

Gestern habe ich wieder ein Schreiben vom Arbeitsamt erhalten bezüglich einer neuen Stelle, jedoch befristet bis Mai 2003. Ich soll mich persönlich dort vorstellen. Immer wenn Post vom Arbeitsamt kommt, habe ich furchtbare Angst vor dem, was auf mich zukommt. Auf der einen Seite wäre es gut, wenn ich Arbeit hätte, dann müsste ich mir keine Gedanken über Geld machen, andererseits wollte ich nie mehr in ein Büro und auf keinen Fall irgendwelche Botengänge machen, wie in dem Schreiben steht, dass habe ich im letzten Jahr laufend machen müssen und das oft mit furchtbaren Kopfschmerzen.

Schweren Herzens habe ich dort angerufen und einen Termin vereinbart für nächsten Montag um 11 Uhr. Ich bin im Moment ziemlich aufgeregt.

Heute ist erst Donnerstag, was wird das wohl für ein Wochenende, wenn ich immer nur an diesen Termin denken muss. Na ja, wenigstens habe ich im Moment keine Kopfschmerzen und das schon seit 14 Tagen nicht. Ich finde das immer wieder super.

Am Tag darauf passierte dann wieder etwas positives. Es ist schon seltsam, manchmal hänge ich 14 Tage zuhause rum und langweile mich zu Tode, keiner ruft an und will etwas von mir wissen und dann wieder überstürzen sich die Ereignisse und es kommt alles auf einmal.

Es kam wieder ein Anruf vom Kinderkreisel. Es war überhaupt das Beste was ich als Alternative zu meinem bisherigen Job tun konnte. Eine

Mutter suchte für ihren kleinen Sohn Betreuung für 4 Tage die Woche, davon 2x vormittags und 2 x nach- mittags. So hätte ich einen Tag die Woche für mich allein.

Es sind Geschäftsleute, die zu Hause eine eigene Firma haben und beide im Büro mitarbeiten müssen. Ein paar Minuten später rief auch die Mutter bei mir an und wir vereinbarten auch einen Termin für den Montag, aber um 15 Uhr. Also der Montag wird ein anstrengender Tag für mich. Morgens um 11 Uhr Vorstellungsgespräch, um 12 Uhr Termin bei meinem Psycho- therapeuten und um 15 Uhr Termin mit der Mutter.

Nachdem ich den Termin mit der

Mutter vereinbart hatte, bekam ich nochmals einen Anruf vom Kinderkreisel. Die Dame fragte mich, ob ich außer diesem Kind noch ein weiteres dazunehmen möchte, da sie eine Mutter hätte, die für ihr kleines Mädchen eine Betreuungsstelle sucht, wo noch ein gleichaltriges Kind betreut wird. Aber das wird mir dann im Moment doch zu viel. Ich habe ja immer noch die kleine Marie stundenweise zu betreuen, die immer noch nicht freiwillig bei mir bleibt. Bei 3 Kindern hätte ich für jedes einzelne nicht die Zeit, die ich mir wünsche. Und spazieren gehen könnte ich schon gar nicht.

Das ganze Wochenende zerbrach ich mir den Kopf, was ich den Leuten bei der neuen Stelle erzähle, damit sie mich für diesen Job nicht wollen. Denn ich wollte da ja nicht hin. Aber wie immer, wenn ich mich so aufrege, wird alles ganz anders, wie ich es mir vorstelle. Ich ließ die Dame dort erst einmal erzählen, was so zu tun sei. Sie berichtete von Computerlisten, die zu erstellen seien mit einem speziellen Programm. Da sah ich meine Chance. „Was ist das für ein Programm?" fragte ich sie. „ Ja kennen sie das denn nicht? Dann hat das keinen Zweck, bis wir sie hier eingearbeitet haben, ist die Frist von einem ½ Jahr für diese Stelle verstrichen, und wir brauchen sofort jemanden, der sich auskennt." Mir fiel ein Stein vom Herzen. Ich musste noch nicht einmal schwindeln, denn ich kannte dieses Programm wirklich nicht. Ich habe es zwar auf meinem Computer zu Hause, aber ich weiß nicht, was ich damit anfangen soll, ich kenne lediglich eine Funktion und das reicht nicht. Also konnte ich gleich wieder gehen. Die Dame meinte noch, sie würde dem Arbeitsamt mitteilen, dass man mir einen Computerkurs zur Weiterbildung anbieten solle.

Frohen Herzens verließ ich dieses Büro. Es machte mich schon krank als ich es sah.

Der Besuch der Mutter am Nachmittag verlief sehr positiv. Der kleine Junge hatte rote Haare, genau wie die kleine Marie und er fand nach kurzer Zeit schon den Knopf, an dem man den Computer einschaltet, was er natürlich auch machte. Seine 6-jährige Schwester hatte er auch mitgebracht. Sie würde allerdings nur zur Betreuung mitkommen, wenn sie Schulferien hatte, und das auch nur, wenn sie es wollte. Sie machte einen sehr schüchternen Eindruck und wäre am liebstem unter dem Mantel ihrer Mutter verschwunden. Mit der Mutter hatte ich ein sehr positives Gespräch. Wir klärten so ziemlich alle Einzelheiten, die ich im Bezug auf den kleinen Fabian wissen musste, insbesondere, dass er mit nur einer Niere zur Welt gekommen war, was natürlich speziell bei einem Unfall zu berücksichtigen war. Nach ca. 1 Stunde sagte sie mir dann auch, dass sie von allem, von mir und der Umgebung hier, sehr positiv beeindruckt sei, aber das alles trotzdem natürlich mit ihrem Mann besprechen wolle. Auch wollte ihr Mann mich vor Beginn der Betreuungszeit erst einmal kennen lernen, was durchaus verständlich war. Sie wollte mir ihre Entscheidung am nächsten Tag telefonisch mitteilen.

Ich hatte dabei ein super gutes Gefühl und war mir fast sicher, das es diesmal klappen würde.

Danach telefonierte ich dann mit der Mutter der kleinen Marie. Ich teilte ihr mit, das ich wahrscheinlich nur noch freitags Zeit für die Kleine hätte, wenn das mit dem kleinen Fabian klappen würde, vorausgesetzt Marie würde nicht freiwillig bei mir bleiben. Falls das irgendwann mal klappen würde, könnte ich sie bestimmt 2 Stunden mit Fabian zusammen betreuen.

Sie erzählte mir, dass sie bereits ein schlechtes Gewissen gehabt hätte, weil sie sich nicht gemeldet hatte, aber die ganze Familie sei krank gewesen und das Geld für letzten Monat hätte sie auch erst gestern überwiesen. Nächste Woche würde sie auch nicht da sein, weil sie ihre Mutter außerhalb besuchen müsse, die ins Krankenhaus käme. Deshalb vereinbarten wir uns erst wieder im Dezember zu treffen.

Am nächsten Morgen rief die Mutter des kleinen Fabian an wie besprochen und teilte mir mit, das ihr Mann einverstanden sei, auch in finanzieller Hinsicht, nur würde sie mit ihrer ganzen

Familie gerne am Abend kurz vorbei-
kommen um auch meinen Mann kennen
zu lernen. Wir vereinbarten ein Treffen
für 18.30 Uhr.

Am Abend trafen wir uns dann alle bei
uns im Wohnzimmer und ich glaube der
Mann war sichtlich erleichtert, als er in
unser Haus kam und uns kennen lernte.
Er erklärte nochmals, dass er seinen
kleinen Sohn auf keinen Fall ab-
schieben wollte, aber er brauche seine
Frau dringend in seinem Büro und eine
fremde Person wolle er auf keinen Fall
einstellen.

Auch wäre es für ihn sehr wichtig, dass
sich sein Sohn bei der Tagesmutter
wohl fühlt, von ihr gut betreut und nicht
einfach in die Ecke gesetzt wird.

In dieser Hinsicht konnte ich ihn beruhigen. Das würde ich gar nicht fertig bringen, einen so süßen kleinen Jungen in die Ecke setzten und mich nicht mit ihm beschäftigen. Nebenbei bemerkt, in die Ecke setzten wäre bei diesem Buben gar nicht möglich, mit seinen 15 Monaten kann er zwar noch nicht laufen, aber er ist auf allen Vieren schneller als mancher auf seinen Füssen.

Nach gut einer halben Stunde verabschiedete sich die Familie wieder und ich verabredete mich mit der Mutter für den übernächsten Tag, um die Eingewöhnungsphase zu beginnen.

Also hatte ich den nächsten Tag frei für mich.

Das war auch gut so, denn gegen Abend fing sie mich wieder ein die Migräne. Na ja, ich hatte jetzt fast 3 Wochen Ruhe gehabt. Vorne auf der rechten Seite begann es zu hämmern und ich ging gleich darauf ins Bett. Am nächsten Tag ging es so weiter, aber zum Glück war mir diesmal nicht schlecht dabei und ich konnte wenigstens Kaffee trinken und etwas essen. Es ließ sich irgendwie ertragen und ich musste auch nicht zu Dr. Koch, es war sowieso Mittwochnachmittag und die Praxis zu. Am Donnerstag, dem 21.11.2002 ging es dann mit jeder Stunde besser und ich freute mich auf den Besuch des kleinen Fabian.

Er kam so gegen 15 Uhr mit seiner Mutter und seiner Schwester und blieb

2 Stunden. Frau Klein erzählte mir, dass sie der Dame vom Kinderkreisel mitgeteilt hatte, dass es mit der Betreuung von mir klappen würde und sie erfuhr von ihr, das es diese Woche 3 Mütter gegeben hätte, denen sie mich als Tagesmutter vermitteln gekonnt hätte. Frau Klein meinte, dass sie dann ja Glück gehabt hätte, dass sie schneller gewesen wäre.

Ich fühlte mich richtig toll bei diesen Satz.

Wir besprachen dann noch die Einzelheiten des Tagespflegevertrages, den wir abschließen wollten.

Es ist schon komisch, 13 Jahre lang habe ich oft Verträge geschrieben, und zwar so wie mein Chef sie haben wollte und jetzt mache ich meine eigenen Verträge.

Und das Tollste, ich verdiene auch noch etwas Geld dabei und muss dafür noch nicht einmal das Haus verlassen und mir dumme Sprüche in einem doofen Büro anhören. Ich kann sogar spazieren gehen, und werde dafür bezahlt.

Am nächsten Morgen kam Frau Klein mit Fabian bereits um 8 Uhr und wir machten den Vertrag perfekt. Auch erhielt ich eine Vollmacht, mit der ich im Notfall mit Fabian zum Arzt fahren konnte. Dieser Notfall tritt hoffentlich nie ein.

Ich glaube auch Fabian fühlt sich immer wohler bei mir, er ist an diesem Morgen quer durch die ganze Wohnung gekrabbelt ohne sich nach seiner Mutter umzusehen.

Heute ist der 25. März 2003 und es sind inzwischen fast drei Monate vergangen. Warum ich aufgehört habe weiter zu schreiben? In erster Linie weil ich ganz wenig Zeit hatte und voll mit Fabian beschäftigt war.

Mit Hilfe seiner Mutter hatte ich ihn bis kurz vor Weihnachten ganz langsam daran gewöhnt, bei mir zu Hause allein ohne seine Mutter zu bleiben. Sie ging für immer längere Zeit weg und einen Tag vor Heiligabend probierten wir es dann für den ganzen Morgen aus. Er war anfangs etwas skeptisch und machte ein weinerliches Gesicht, beruhigte sich aber sehr schnell und ich glaubte schon ich hätte es geschafft. Gott sei dank wusste ich nicht was im neuen Jahr passieren würde, sonst hätte ich bestimmt kein so schönes Weihnachtsfest erlebt.

Also Fabian fuhr mit seiner Familie für eine Woche in Urlaub und war die Feiertage mitgerechnet insgesamt 14 Tage nicht mehr bei mir. Als er das erste Mal im neuen Jahr mit seiner Mutter zu mir kam, wusste ich schon als ich ihn sah, was los war. Er hatte mich total vergessen. Diese ganze Einge-wöhnungsphase war für die Katz gewesen, denn er fing sofort an zu weinen, als seine Mutter gehen wollte. Sie blieb noch eine Weile, wie lange weiß ich nicht mehr, und dann ging sie weg und Fabian schrie und schrie bis sie nach 2 Stunden wiederkam. Ich habe wirklich mit allen Mitteln versucht ihn abzulenken, trug ihn durch die

ganze Wohnung, zeigte ihm Spiel-
sachen, sang ihm Lieder vor aber all das
hatte nur den Effekt, dass er zwar für
ein bis zwei Minuten ruhig war, aber
dann um so lauter weiter schrie.

So ging das ziemlich genau zwei
Wochen weiter, ich überlegte schon, ob
ich irgendetwas falsch machte und hörte
ihn sogar nachts im Traum schreien, so
leid tat er mir. Selbst beim Spazieren-
gehen war er nicht abzulenken und auf
keinen Fall ruhig. Das war schon alles
ziemlich nervenaufreibend. Aber ich
wollte auf keinen Fall aufgeben. Und
siehe da, am Montag nach zwei
Wochen, es war wie ein Wunder, war er
ruhig als seine Mutter ging. Es war
einfach toll. Und heute nach fast 3
Monaten fühlt er sich bei mir wie zu

Hause. Wenn seine Mutter oder sein Vater ihn bringt und danach weggeht, kümmert er sich nicht weiter darum und fängt gleich an mit seinen Autos zu spielen. Und wenn er abgeholt wird, will er manchmal sogar nicht mit nach Hause und wird zornig, wenn sein Vater ihn anziehen will. So habe ich mir das gewünscht. Ich darf gar nicht daran denken, dass ich ihn irgendwann wieder hergeben muss, so gern habe ich ihn inzwischen.

Voraussichtlich wird er aber noch das ganze Jahr 03 bei mir bleiben und dann langsam in den Kindergarten wechseln. Ich hatte auch noch mehrere andere Angebote weitere Kinder zu betreuen. Aber zwei so kleine Kinder, dass war mir dann doch zu viel und ich hätte nicht die Zeit mich um jedes einzelne zu kümmern. Die kleine Marie, die ich anfangs betreut hatte, ist inzwischen mit ihrer Familie in eine andere Stadt gezogen, was mir sehr leid tat. Im Moment werde ich mich also nur um den kleinen Fabian kümmern.

Mit der Migräne läuft es so weiter, wie im letzten Jahr. Ich habe ungefähr 1-2 schwerere Anfälle im Monat, brauche höchstens 1 Infusion mit Aspisol und nehme nicht mehr als 1 x Ascotop und 2-3 mal 1000 mg Aspirin. Gerade die letzten 11 Tage (ich bin auf jeden dieser Tage stolz und freue mich riesig darüber) hatte ich überhaupt keine Kopfschmerzen. Wenn ich daran denke, dass ich bis November 2001 jahrelang so gut wie täglich irgendwelche Tabletten geschluckt habe, kann ich es fast nicht glauben. Diese Tage ohne Schmerzen sind für mich wie Urlaub, den ich richtig genieße und immer hoffe, dass er nie vorüber geht.

Erst seit gestern habe ich wieder einen Anfall, aber ich denke ich werde das irgendwie hinkriegen. Denn heute Mittag kommt der kleine Fabian. Auch diese drei Stunden werde ich irgendwie meistern.

8. Juni 2003

Wo ist dieser Mensch, der mir langsam
ein Loch in meinen Kopf bohrt und
mich so sehr quält?

Heute ist der 5. Tag, an dem ich so
gefoltert werde.

Mittwoch, 1. Tag

Ein Besuch beim Arzt hat nichts
gebracht. Trotz Aspisol und
Akupunktur habe ich weiter
Schmerzen vorne auf der rechten
Seite. Nur die Übelkeit ist weg.

Donnerstag, 2. Tag

Schmerzen bis kurz nach Mittag, dann
Ruhe bis gegen Abend (vielleicht
wegen der 2 Aspirin, die ich nach dem

Mittagessen genommen habe)

Freitag, 3. Tag

Der Schmerz ist um den Kopf herum über die rechte Seite nach hinten links gewandert und bohrt und bohrt. Habe morgens eine Ascotop genommen, was mir ein paar Stunden bis gegen Abend geholfen hat.

Samstag, 4. Tag

Hoffentlich hört das bald auf. Diesmal dauert es extrem lange. Es herrscht aber auch eine furchtbare Schwüle, die kaum zu ertragen ist, selbst wenn man keine Schmerzen hätte.

Den ganzen Tag habe ich Schmerzen hinten links. Die Bohrmaschine ist angesetzt und es wird langsam, nein wie in Zeitlupe gebohrt. Irgendwann muss das Loch doch drin sein in meinem Schädel. Dazu kommen Schmerzen vom Nacken bis in die linke Schulter.

Sonntag, 5. Tag

Erst gegen Abend wird es etwas besser.

Manchmal weiß ich nicht, welche Zeit besser war. Die mit der täglichen Tabletteneinnahme, in der ich zwar oft danach ohne Schmerzen war, dafür aber ständig Nebenwirkungen in Kauf nehmen musste oder die Zeit jetzt, wo ich zwar Tage zwischen den Anfällen ohne Schmerzen bin, dafür aber bei den Anfällen so gut wie keine oder ganz wenige Tabletten nehmen kann und alles so aushalten muss. Denn würde ich wieder anfangen mehr von diesen Triptanen zu nehmen, würde sich die Dosis von mal zu mal immer mehr steigern und es würde irgendwann wieder so sein wie am Anfang. Denn auch Triptane können abhängig machen.

Die Mediziner geben immer gute Ratschläge und meinen man solle gleich bei den ersten Anzeichen eines Anfalls eine Tablette nehmen. Aber wo führt das hin? Für meinen Körper ist es sicher ohne Tabletten besser, aber für meine Seele nicht. Bei einem Anfall denke ich oft, ich habe jetzt keine Kraft mehr zum Leben aber danach bin ich froh, dass ich es überstanden habe.

Ich bin auch überzeugt davon, dass

solche Migräneschmerzen keine psychischen Ursachen haben, sondern man von diesen Schmerzen erst anfängt psychisch krank zu werden und über den Sinn des Lebens nachdenkt. Mich wundert es nicht, wenn manche davon Depressionen bekommen und versuchen sich das Leben zu nehmen, weil sie die Schmerzen nicht mehr ertragen können.

Warum erfindet die Wissenschaft nicht etwas gegen diese Schmerzen, dass keine Nebenwirkungen hat.

Ich habe jetzt wieder von einer neuen Therapie gehört, die ich probieren werde, denn zu verlieren habe ich nichts. Ich kann nur immer wieder versuchen, etwas mehr Lebensqualität zu *gewinnen.*

Made in the USA
Monee, IL
07 July 2026

56551635R00104